外军军事职业教育研究

青山良　景　刚◎主编

·北京·

图书在版编目（CIP）数据

外军军事职业教育研究 / 青山良，景刚主编.
北京：科学技术文献出版社，2025.3. -- ISBN 978-7
-5235-2355-1

Ⅰ. E13

中国国家版本馆 CIP 数据核字第 2025PC5873 号

外军军事职业教育研究

策划编辑：梅 玲 崔 静 责任编辑：张瑶瑶 责任校对：彭 玉 责任出版：张志平

出 版 者	科学技术文献出版社	
地　　址	北京市复兴路15号　　邮编 100038	
出 版 部	（010）58882943，58882087（传真）	
发 行 部	（010）58882868，58882870（传真）	
官方网址	www.stdp.com.cn	
发 行 者	科学技术文献出版社发行　全国各地新华书店经销	
印 刷 者	北京厚诚则铭印刷科技有限公司	
版　　次	2025年3月第1版　2025年3月第1次印刷	
开　　本	710×1000　1/16	
字　　数	174千	
印　　张	12	
书　　号	ISBN 978-7-5235-2355-1	
定　　价	48.00元	

版权所有　违法必究

购买本社图书，凡字迹不清、缺页、倒页、脱页者，本社发行部负责调换

《外军军事职业教育研究》编委会

主　编：青山良　景　刚

副主编：何　敏　仵　征

编　者：唐　爽　曲　晨　田宇平
　　　　罗　瑜　周　斌　任秋林

PREFACE 前言

　　信息技术的飞速发展给各行各业带来巨大冲击的同时，也深刻影响着军事职业教育领域。美国、俄罗斯、英国、法国、德国、日本等主要发达国家历来重视军事人才培养，经过长期实践积淀，已建立了比较成熟完善的军事职业教育体系。系统全面地对中外军事职业教育进行研究，不仅可以对外军军事职业教育的特点和优势形成更加全面、客观的认识，同时也可以对照出我军人才培养工作中存在的瓶颈。研究外军军事职业教育，能帮助我军跳出军事职业教育建设的藩篱，以更加宽阔的视角和更为灵活的思维积极寻找解决问题的对策，进而对我军新型军事人才的培养产生积极有益的影响。

　　本书由信息支援部队通信士官学校教育研究团队完成，青山良与景刚作为主要完成人负责方向选定、大纲构建、书稿统筹等，推动了本书的完成。第一章主要完成人何敏：从"职业教育""职业军事教育""军事职业教育"3个层次，依次展开概念剖析，阐明研究的背景、方法。第二章主要完成人罗瑜：从军事职业教育的"类别""历史沿革""发展现状"3个维度，深入全面地分析了美国、俄罗斯军事职业教育的发展概况，并详细阐述了英国、法国、日本、德国、韩国军事职业教育发展概况。第三章主要完成人田宇平：从军事职业教育"组织领导的顶层架构""相关职能部门及其职责""组织领导的运行体制"3个方面，研究了美国、俄罗斯军事职业教育的组织领导，并展开描述了日本、法国、英联邦国家、德国、韩国军事职业教育的组织领导。第四章主要完成人仵征：从军事职业教育的"政策法规体系""资源条件体系""经费保障体系""技术支持体系""人力资源体系"等方面，阐述了美军、俄军军事职业教育的体系支撑，并从法制支撑、资源条件支撑、技术支撑等方面，论述了英军、德军、以军、日本自卫队军事职业教育的体系支撑。第五章主要完成人青山良、景刚：在已有研究基础上，分析了外军军事职业教育的做法及特点。本书其他主要完成人还包括曲晨、唐爽、周斌、任秋林，他们负责文献检索、资料分析、统稿审校等。

驰骋才知世界大，斟酌倍感方寸深。随着研究的愈加深入，越是感到这一论题的内容之广、意义之深，尚有极大的空间可供深研。书中提及的一些观点还需要充分论证和补充，时代的发展、战争方式的演变亦会推进各国军事职业教育的变革，这将是下一阶段的研究方向。鉴于团队理论水平尚浅、阅历深度有限，书中难免存在不足之处，恳请诸位读者提出宝贵意见，以供团队改进。

CONTENTS 目 录

第一章　绪　论 1
　　第一节　相关概念辨析 1
　　第二节　研究的背景 5
　　第三节　研究的方法 7

第二章　外军军事职业教育发展概况 9
　　第一节　美国军事职业教育发展概况 9
　　第二节　俄罗斯军事职业教育发展概况 23
　　第三节　其他国家军事职业教育发展概况 30

第三章　外军军事职业教育的组织领导 43
　　第一节　美国军事职业教育的组织领导 43
　　第二节　俄罗斯军事职业教育的组织领导 53
　　第三节　日本、法国军事职业教育的组织领导 61
　　第四节　英联邦国家军事职业教育的组织领导 69
　　第五节　其他国家军事职业教育的组织领导 77

第四章　外军军事职业教育的体系支撑 81
　　第一节　美军军事职业教育的体系支撑 81
　　第二节　俄军军事职业教育的体系支撑 90
　　第三节　其他国家军事职业教育的体系支撑 96

第五章　外军军事职业教育的做法及特点 114
　　第一节　外军军事职业教育法规制度建设的做法及特点 114
　　第二节　外军军事职业教育组织管理的做法及特点 128
　　第三节　外军军事职业教育学习管理的做法及特点 139
　　第四节　外军军事职业教育资源建设的做法及特点 163

后　记 181

第一章

绪 论

在世界各国军事职业教育发展过程中,各国都有自己独特的发展模式和内在价值,有交流互鉴的内生动力。学习和借鉴外军,特别是军事强国的军事职业教育,汲取其经验和教训,既有助于开展军事职业教育这个特殊而复杂的军事工作,又是军事理论研究的重要课题。

第一节 相关概念辨析

研究外军军事职业教育,首要的是界定军事职业教育的概念。需要强调的是,本书所指的军事职业教育是我军语境下的表达方式,与外军的军事职业教育概念有所不同,如美军一般表述为"职业军事教育"且内容上涵盖了我军军事职业教育。我军军事职业教育作为"三位一体"人才培养体系的重要组成部分,是以自主学习、远程学习、个性化学习、终身学习为主,与外军视角下的非住校教育性质趋同,是院校教育与部队训练的拓展补充,与外军职业军事教育的区别显而易见。

一、职业教育

职业教育从字面上理解,就是将教育贯穿于职业之中,是针对职业的专门教育。[①] 目前,国内外学界对职业教育的认识和理解不尽相同。

国际上对职业教育的认识:《国际教育标准分类法》(1997)认为,职业教育主要是为学生进入劳动市场或学习职业技术所设计的教育;联合国教科文组织(2001)将"技术与职业教育"作为一个综合术语使用,认为职业教育是帮助个体在从事某一职业前,进行的培训教育,属于普通教育范畴,且职业教育不仅限于学生,而是全体公民终身学习的一个方面。[②]

我国对职业教育概念界定具有代表性的有:"职业教育是为某一职业预备人才的教育,它的课程具有实践性,它的教育对象具有开放性";[③] "职业教育,是专门以'职业为目的'的教育,是使受教育者达到职业资格或转变职业生涯而进行的教育"。[④]

综合国内外对职业教育理解的分析,结合职业的专业性、价值性、稳定性和个体性,笔者认为:职业教育是适应个体发展及社会发展要求,在一定的文化水平与价值基础上,培养人们取得一定的专业资格,以及职业发展所需的职业能力和综合素质的教育。[⑤] 由此可以看出,职业教育是一种教育思想,是与人的谋生、成长相关的教育活动,具有职业性、实践性、终身性。

二、职业军事教育

"职业军事教育"来自英译,原文为"professional military education(简称 PME)"。美军认为,"职业军事教育是培养军官的关键,也是军官联合

[①] 白永红. 中国职业教育 [M]. 北京:人民出版社,2011.
[②] 欧阳河. 试论职业教育的概念和内涵 [J]. 教育与职业,2003(1):24-26.
[③] 辞海编辑委员会. 辞海 [S]. 上海:上海辞书出版社,1999:156.
[④] 国家教委职业教育中心所. 职业技术教育原理 [M]. 北京:经济科学出版社,1998:7.
[⑤] 参照了高权德 2006 年在《教育理论与实践》发表的"对职业教育本质属性的再认识"一文的职业教育理念。

学习体系的基础,这种持续不断的联合学习体系使得军队自身成为一所大学校。职业军事教育设想认为,年轻军官加入各军种,接受联合训练和教育,获得经验,加上自己学习,最终成为联合部队的高级领导。其表现和潜力是他们成长为高级军官的基础,但最重要的是要重视他们的训练和教育内容,重视他们的经历,给予他们自我发展的机会,只有这样才能使他们成为高级领导"。

由于以美国为代表的西方军队较早形成了依靠院校培养军官的教育体制,并逐步形成了一整套较为成熟的院校教育体系,因此,其军事教育体系成为国内学者研究的主要对象。

职业军事教育是以提升军官岗位履职能力和军事职业素养为目标,通过系统化、分阶段的在岗教育培训体系,实现军事人才专业化发展的终身教育模式。PME是军官职业化的核心支撑,其本质是以岗位能力生成为轴心的军事终身教育。职业军事教育的目的是采用全日制的方式培养军官成为具有专业能力(战略意识和批判性思维能力)的职业军人。

根据美国陆军条令《陆军训练与领导者培养》中的定义,美国陆军视角下的职业军事教育是渐进的教育体系,是通过发展领导者在任何环境中成功履职所需的关键性知识、技能和品质,让他们能够在下一个更高层次上担负起日益增长的责任并成功地履职,职业军事教育与军人的晋升、未来任职、职业发展紧密相连,适用于所有军人。[1]

综合《军官职业军事教育政策》和《陆军训练与领导者培养》对职业军事教育的阐述,本书视角下的职业军事教育,是指有目的、有计划地促进官兵军事职业素质发展,以适应战争和陆军建设需要的教育实践活动。美国职业军事教育的内涵包括以下3个方面:一是有目的、有计划的实践活动,这种活动主要在院校进行;二是以科学文化知识、军事专业知识、军事职业技能训练为教育内容;三是以提高学员素质、面向军事职业发展需要、满足战争和军队建设需要为根本目的。

---

[1] Army training and leader development,TRADOC regulation 350-1,Department of the army headquarters. United States Army Training and Doctrine Command[R]. 2014:235.

美国职业军事教育的外延，类型上包括学术性教育和职业性教育；层次上包括任命前教育和任命后教育；途径上包括军队自主培养和依托地方高等学校培养；教育对象上包括军士、准尉和军官教育；教育方式上包括住校教育和非住校教育。

此外，查阅美、俄、英、法、日等国家的职业军事教育发展历史，发现职业军事教育已经涵盖了军事理论、战术战略、管理、法律和国际关系等多个领域的教育范畴，其核心目标在于培养能够有效指挥和管理现代化军队的高素质军事人才，确保军队能够在各种复杂情况下完成使命。

三、军事职业教育

军事职业教育是职业教育在军事领域的实践运用。综合上述对职业教育的分析，笔者认为：军事职业教育是针对军队人员[①]这一特殊职业群体进行的职业教育，既具有职业的特性——专业性、价值性、稳定性和个体性，也具有职业教育的特性——职业性、实践性、终身性。一般来讲，军事职业教育贯穿于军事人员职业发展的全过程，是院校之外的教育、训练之余的学习，是以变化适应变化，也即官兵在院校正规教育和在部队岗位每天工作 8 小时之外，用于提升岗位任职能力和自我素养的自主学习。

因此，本书对外军军事职业教育的研究，将军事职业教育界定为：军事职业教育是在教育者与学习者相对分离的情况下，以实现全军官兵职业目标为导向的有组织、有计划的终身学习活动。其内涵主要包括以下 4 个方面：一是突破时间与空间的限制。教育者与学习者相对分离，决定了军事职业教育教与学活动的相对分离，进而决定了军事职业教育需要借助媒体介质完成教与学的联结，学习不再受时间、空间维度的束缚。二是以学习者为中心。军事职业教育面向全军官兵，更加注重以官兵为中心，从关注教学转变到关注学习，军事教育范式从"教学范式"向"学习范式"转变。三是以职业目

---

① 文中"军队人员"泛指在国家军队中服役的军职人员，包括战斗人员与非战斗人员，包含官兵及文职人员。

标为导向。军事职业教育是"军事""职业""教育"三者属性的有机结合，具有军事性、职业性、实践性、终身性的特征。四是自主学习。军事职业教育的学习形式虽然提倡在线自主学习，但它又不同于一般意义上的自学，是有组织、有目的、有计划的自主学习。

由以上分析可以看出，外军的军事职业教育涵盖的内容较为广泛，为了研究的全面性、前瞻性，本书在研究范畴上力求涵盖外军军事职业教育的各个方面，以便更好地了解外军军事职业教育发展的情况与趋势，这是我们做好军事职业教育工作的重要一环。为此，本书将统一使用"军事职业教育"一词展开研究与阐述。

第二节　研究的背景

本书研究内容的选择顺应了时代的发展趋势，紧扣了军事教育的理论贫瘠之处，紧贴了军队建设的现实背景。

一、时代背景：智能科技的迅猛发展催生军事教育改革

在人类发展的历史长河中，技术革命与人类教育总是相互耦合、作用、影响，并协同进步的。从教育变革的维度看，重大技术变革，总能引发人类教育革命。进入 21 世纪，互联网、移动计算、大数据、虚拟现实、增强现实、混合现实、人工智能、区块链及 5G 等一系列新技术在全球崛起，促使工业、医疗、金融、交通等行业率先进入变革期，商业推动新技术的发展，新技术催生教育革命的发生。在全球化趋势日益发展的今天，任何一个国家的军事教育发展，企图游离于世界教育发展潮流之外，独善其身，已不大可能。新一代信息技术，为军事教育发展带来了机遇。一是学员将掌握学习主导权。学习主导权将从教员转移到学员自己手里，学员将拥有全新的机会开发自身潜能、发展独立思考能力、养成终身学习习惯。二是教员将转变教育

身份。教员的身份将变为引导者、组织者、鼓励者、合作者,通过智能化、迅捷化教学方式实现身份的转变。三是院校发展将愈加智能。院校依靠人工智能、互联网、虚拟现实等科技,建设以学员为中心的支撑辅助平台,处理海量信息,制定个性化教育内容、教育方式。四是部队开展教育将更加便捷。部队通过购入各类高科技设备,与研究院、军队院校等单位开展学术交流和教学实验活动。这些发展变化应该怎么来逐步实现、完善甚至进阶呢?笔者认为,我们必须站在全球军事教育领域发展的宏观视角,顺应时代浪潮的前进趋势,审慎面对各种风险,积极应对这场军事教育革命。

二、理论背景:新时代军事教育方针指引军事教育转型

"强军兴军,关键靠人才,基础在教育"。我军能在不同历史时期功成事立、不辱使命并不断发展壮大的秘密武器,是对人才培养的高度重视。"三位一体"新型军事人才培养体系是军事教育转型的根本遵循。在党的十八届三中全会上,构建"三位一体"的新型军事人才培养体系被正式写入《中共中央关于全面深化改革若干重大问题的决定》,党的十九大报告重申加强军事人才培养体系建设。构建军队院校教育、部队训练实践、军事职业教育"三位一体"新型军事人才培养体系是新时代军事人才培养的实现路径。军事职业教育是"三位一体"新型军事人才培养体系的重要一环,是衔接军队院校教育和部队训练实践的桥梁,指引着军事教育在新时代的转型升级。新时代军事教育方针是军事教育转型的科学指引。这一方针指明新时代军事人才培养的方向,也表明"三位一体"人才培养体系开启了军事教育的历史新征程,是强军的需要、时代的召唤,是开展一切军事教育工作、开创军事人才培养新局面的科学指南与根本遵循。军队新的职能变化、新的安全要求、新的人才需求,推动着军事教育新的变革,以满足对新时代军事人才的需求。新时代军事教育方针及"三位一体"新型军事人才培养体系,共同指引着军事教育发展的方向,为打赢现代战争培养德才兼备的高素质、专业化新型军事人才提供着理论支撑。

三、现实背景：新型军队建设亟须军事职业教育的支撑

军事职业教育在信息化、智能化战争中起着基础性作用。着眼建设信息化部队，以满足打赢信息化、智能化战争的现实和未来需要，通过必要的军事实践活动，帮助学员将高科技知识转化为军事能力，进而成为能够建设新时代信息化、智能化部队，指挥信息化、智能化作战的高素质军事人才，是军队院校的主要责任。随着我国综合国力的提高，我军武器装备不断更新，军队现代化水平也不断提高。部队缺乏懂得新装备的专门人才，使得新装备无法充分发挥其战斗效能，不但会影响部队的正常训练及战斗力的形成，还会影响部队现代化程度的提升。因此，部队急需掌握高科技知识的人才，急盼高等院校输送更多的熟悉新装备和会管理、懂训练、用得上、留得住的高素质人才。这一切，都要求持续推进军事职业教育体系建设，发挥军事职业教育实践性强、贴近部队实际的优势，培养出适应现代化建设需要的人才，最大限度地满足部队的需求，加快部队智能化建设的进程。从这个意义上讲，建立完善的军事职业教育体系，培养高素质的军事人才，是推进军事变革的重要一环，具有举足轻重的作用。

第三节　研究的方法

研究方法的科学有效是诠释、破解问题的重要基础。本书主要采取以下几种研究方法：

一是质的研究方法。"质的研究"也称"质性研究"，不同于传统的有理论预设的、在原有理论基础上进行演绎的定量研究与定性研究，质的研究就是"以建构主义为前提，以文字叙述为材料，以归纳法为论证步骤"的研究方法。质的研究注重提炼出研究者自己的理论线索、注重用不同的视角发现新的问题、注重研究文献的收集，并在无偏见的第一手资料的基础上进行理论的建构。

二是辩证研究方法。即研究过程中，坚持推理与思辨、形式逻辑与辩证逻辑法相结合，注重用"联系、发展"的眼光看待外军军事职业教育：由于构成外军军事职业教育系统的各个要素，既相对独立自成体系，又彼此联系相互影响，因此，需对其构成要素展开透彻分析；在探讨问题时，注重从现实的视角审视外军军事职业教育实践现状，并用发展的眼光预测未来，不囿于当前时代背景。

三是跨学科研究方法。即不拘泥于单一学科，积极借鉴其他成熟学科助力本研究。军事职业教育属于军事教育训练活动，其基础是军事实践的一个域界，由于教育训练活动的复杂性，通常需要借用多门较为成熟学科的成果进行深入研究。军事职业教育涉及军事学、教育学和远程技术等若干学科和技术领域，但不能牵强附会，随意让任一学科对军事职业教育都"插一脚"，以免让军事职业教育理论的研究陷入泛化。

四是系统分析方法。即基于复杂性科学的思想，以系统、全局、整体的视角来看待外军军事职业教育，包括对其进行目标分析、功能分析、因素分析等。外军军事职业教育是一个庞大的系统，一些因素看似处于分离状态，实际上不断通过信息传播媒体发生交互作用，如若不用系统的方法进行分析设计，军事职业教育系统的运行将徘徊在低层次水平。

五是实证分析方法。一切军事问题的出发点和落脚点都指向实战，任何背离现实的研究或过于超前的构想都是一纸空文。研究过程中，坚持注重对外军军事职业教育先进单位、实践活动、不同人员类别的调查研究，运用各种方式，对外军军事职业教育复杂的推进情况进行梳理和分析，为研究奠定坚实的实证基础，增强辅助论证作用，确保研究成果的现实性与实用性。

第二章

外军军事职业教育发展概况

第一节 美国军事职业教育发展概况

19世纪初西点军校的建立标志着美国军事职业教育体系的发端,200多年的不断创新发展,使得美国的军事职业教育持续位于时代前列。相对于其他国家而言,美国的军事教育体系较为完整、等级分明、层次清晰、任务明确、内容衔接顺畅,形成了一个由初级职业教育走向高级联合教育的发展过程体系,以及教育领导管理、教学评价系统、教学人员任用等一整套行之有效的规则和举措,为美军建设发展做出了巨大贡献。

一、军事职业教育类别

美国2015版《军官军事职业教育政策》指出,军事人才成长体系,包括部队训练、指挥与参谋岗位实践、院校教育、自我发展能力与提升等。美军陆、海、空各军种普遍将人才培养划分为3个领域:院校教育、作战训练和自我发展。[1] 院校教育是指主要在军事院校或训练中心为军事人员提供能够使其在任何环境下成功完成任务的关键知识、技能和品质,主要包括进入军队

---

[1] Officer Professional Military Education Policy,CJCSI 1800.01G [R]. Joint Staff Washington, D.C., 2014:21.

的初始培训和后续的军事职业教育。作战训练是指主要在军队驻地和战斗训练中心开展的个人和集体的训练活动,是军队的常态化活动。自我发展是指能够增进和加深个人知识储备、提升自我意识和态势感知能力的有计划、有目标的学习,是贯穿职业全程的自我学习活动。[①]

美军军事职业教育主要分为军官军事职业教育和士兵军事职业教育两大类。军官职业教育分为军种职业教育体系和联合职业教育体系两类。军种职业教育体系分为任命前教育和任职教育两部分,任命前教育主要包括军种军官学校和后备军官训练团教育,任职教育主要分初、中、高三级,由初、中、高三级院校实施。联合职业教育是美军应战争需求而发展起来的军官职业教育体系,主要分为中、高级联合院校提供的联合教育及军种院校提供的联合教育两种。[②] 士兵军事职业教育主要分为5个等级,即士兵基础教育、初级士官教育、中级士官教育、高级士官教育和高级军士长教育。

二、军事职业教育历史沿革

(一)军官军事职业教育发展历史

美国军官职业教育的发展主要经历了早期军事院校教育体系的建立,后备军官训练团制度的建立,陆、海、空军及海军陆战队军官职业教育体系的建立,军官联合职业教育体系的建立4个阶段。

1.早期军事院校教育体系的建立

(1)正规军事院校教育的开创

美国军事职业教育的正式历史起点是西点军校的建立。它既是美国正规军事院校教育的开创者,也是美国军事职业教育的先驱。美国的托马斯·杰斐逊总统当政时期,于1802年在纽约哈得逊河畔的西点地区创建了美国第一所军事学校,即美国军事学院(The U.S Military Academy)。由于当时学员主要来自陆军,故称为"美国陆军学院",以区别于后来产生的各军种高级军事

---

① http://www.mooc.mtn/mooc/personalspace/learning/mystudycourse。
② 侯瑞东,李可心.中外军事职业教育比较研究[M].北京:国防大学出版社,2016:12.

学院。因该校校址位于西点（West Point），故俗称为"西点军校"，并闻名于世。作为陆军唯一的任职教育机构，西点军校早期职业教育的主要课程是工程和理学。因此，19世纪西点军校的毕业学员中获得理学和工程学学位的人数占比较大。他们构成了工兵部队的基础，这使得美国陆军的早期职业教育主要以培养技术军官为主。这些陆军工兵部队在美国后来的西部扩张过程中发挥了重要作用，尤其在美国许多基础设施的建设中功不可没。

（2）私立军事教育机构的兴起

美国的私立军事教育起步较早。典型的例子是奥尔登·帕特里奇上尉于1820年在佛蒙特州诺维奇创立的美国文理与军事学院（The American Literary, Scientific and Military Academy）。该学院的独特之处在于它在教授文理知识的同时重视军事教育，使学员为加入军队报效国家做好准备。帕特里奇一直认为常备军是对公民自由和共和制度的潜在威胁，因此他通过与国会议员及其他有影响力的人物进行会谈和通信，大力宣传他的观点。他把文理与军事学院作为推动美国教育系统发展计划的宣传样板，即"诺维奇模式（Norwich model）"。在当时和后来一段时间里，他的宣传和努力收效甚大，有近20所学校效仿美国文理与军事学院的办学模式，诺维奇模式学校逐步在全国推开。美国文理与军事学院最终发展成为今天的诺维奇大学（Norwich University）。它为美国军事职业教育基本思想的形成做出了巨大贡献。

（3）州立军事教育机构的兴起

19世纪中叶，随着诺维奇模式学校在全国的推广，不少州立学校开始设立类似任职前军事职业教育课程，其中比较突出的是南卡罗来纳军事学院和弗吉尼亚军事学院。

弗吉尼亚军事学院（The Virginia Military Institute，VMI）是美国历史最悠久的州立军事院校。该学院创建于1839年，位于莱克星顿，有着悠久的军事传统。该学院最著名的毕业生当数第二次世界大战期间担任美国陆军参谋长的乔治·卡特利特·马歇尔上将。弗吉尼亚军事学院的最大特点在于重视课程质量，学院为学员开设的专业课和选修课较少。直至今日，与兄弟院校相比，弗吉尼亚军事学院规模仍然较小，包括来自7个国家的外国学员在内学员总数略多于1300名。每年毕业生中约40%的人员被直接任命到部队岗位。

南卡罗来纳军事学院（The Citadel, The Military College of South Carolina）位于查尔斯顿，始建于1842年，其前身是一个负责保卫查尔斯顿长达20年的机构。该学院课程设置基本效仿西点军校，学院共开设18门主课和部分选修课。学院十分重视学员的全面发展，包括体能、意志、领导才能与道德水平等。目前，南卡罗来纳军事学院学员人数不到2000人。该学院从20世纪90年代初开始招收女学员和国际交流军官，每年有20名国外军官来此接受初级军事职业教育。

2.后备军官训练团制度的建立

后备军官训练团是美军利用地方高等教育培养任命前军官的制度，是美国军官教育的创新举措。该制度从帕特里奇的"美国教育体系"开始萌芽，经过《莫里尔法案》的推动，到1916年《国防法案》出台后正式建立。自1920年起，美国陆军在全国135所大学和学院陆续设立了后备军官训练团。1925年国会批准了海军后备军官训练团项目，设立后备军官训练团的院校从1926年的6所增加到1941年的27所。

设有后备军官训练团的院校的前身为州立或私立军校，与西点军校等军官军种校在教育理念上大相径庭，办学重点也各不相同。西点军校强调的是培养职业军官，而帕特里奇的"美国教育体系"是要培养掌握军事技能、素质全面的公民。但两者殊途同归，优势互补。西点军校等军种官校培养的职业军官素质全面，发展潜力大；地方高等院校培养的公民素质全面，在必要时进入军队就可成为高素质的军官；军种官校集中教育资源培养军队的骨干，而依托地方大学培养军官，不仅可以节约人才成本，还拓宽了军官的来源渠道，扩大了军队人才的选择范围。此外，后备军官训练团不仅为美国建立了庞大的后备军官队伍，还可根据部队需求，通过毕业生委任环节调节进入现役的后备军官数量。

3.陆、海、空军及海军陆战队军官职业教育体系的建立

美军通过不断加深对战争规律的探索和借鉴外军教育经验，逐步建立了由兵种院校、指挥参谋学院和战争学院3个层次构成的军种军官任职教育体系。[1]

---

[1] 侯瑞东，李可心．中外军事职业教育比较研究[M]．北京：国防大学出版社，2016：16.

（1）陆军军种军官职业教育体系的建立

美国南北战争推动了陆军兵种职业教育的形成与发展，这主要得益于1869—1883年担任陆军总司令的威廉·特库赛·谢尔曼将军的大力支持。他积极主张兴办兵种学校，并于1868年亲自督促在门罗堡重新开办炮兵应用学校。谢尔曼将军还先后推动美国陆军成立了步兵、骑兵、工程兵等兵种学校。当然，这也是当时美国陆军的任务所迫。在美国向西部和太平洋沿岸的扩张过程中，陆军担负着极其重要的任务：道路需要修建，居民社区无论大小都需要抵御攻击，甚至众多家庭的马车队在穿越广阔的西部地区时也需要骑兵保护。对陆军行动而言，位于密苏里河西北部堪萨斯城的利文沃思堡是一个至关重要的地点。与通向美国西北部的俄勒冈小道一样，利文沃思堡地处美国中部，是多项军事活动的中心，可在广阔范围内集中兵力。同时，该地区为美国联邦政府监狱的所在地，有大量的廉价劳动力可以利用。考虑到以上这些优势，美国国会于1881年批准在利文沃思堡创建步兵与骑兵应用学校。为保证该校的战术思想传播到整个陆军，谢尔曼要求每个骑兵团和步兵团每两年选派一名少尉到这所新办学校学习。20年后，该校发展成为美国陆军勤务与参谋学院（The General Service and Staff College），并最终更名为陆军指挥与参谋学院（United States Army Command and General Staff College）。时至今日，该学院仍为整个美国陆军军事设施的中心枢纽及初中级陆军指挥与参谋军官重要的基础性教育与训练基地。

美国陆军兵种职业教育发展的另一个重要标志是工程兵学校的建立。19世纪后期，由于西点军校从工程兵中脱离出去，纽约州威利点的一些工程军官组织起了一个技术协会来继续军事工程的学习，谢尔曼将军给予了他们极大的鼓励，最终促成该协会发展成为一所完备的教育机构。在谢尔曼退役后的第二年，该机构被正式命名为美国工程兵应用学校。19世纪末20世纪初，美国又先后建立了几所陆军兵种专业学校和应用学校。例如，骑兵与轻型炮兵学校，校址位于堪萨斯州的赖利堡附近。该校在20世纪中叶前几易其名，1950年更名为陆军学校。随着陆军军事职业教育体制的调整改革，该校于1955年停办，其训练任务分别划归位于利文沃思堡的陆军指挥与参谋学院和位于宾夕法尼亚州卡莱尔堡的陆军军事学院。上述学校的创建和重组，使美国陆军职业教育逐步向整体化、规模化和系统化发展，极大地推动了美国陆军团队精神的形成，不断提高美国陆军应对新对手的作战能力，为美国全球战略扩张做出了重大贡献。

（2）海军军种军官职业教育体系的建立

相对于美国陆军职业教育，美国海军的职业教育起步较晚。但由于它大胆借鉴西点军校和英国皇家海军的职业教育经验，发展速度相对较快。从一定意义上讲，美国海军职业教育的最初灵感和推动源于海军本身。最能证明这一点的是历史上有名的"萨摩斯"号事件。1842年，在"萨摩斯"号双桅帆船上受训的一名海军候补少尉蓄谋叛乱，尽管未遂但情节严重。根据当时美国的法律，这名候补少尉被判处死刑并施以绞刑。此事件在全国引起轰动，尤其是在东海岸各州，因为美国海军部招收的候补少尉主要来自这一地区。美国民众强烈呼吁建立一所正规的海军学校。美国海军内部也越来越认识到，鉴于蒸汽动力正逐渐应用于海军舰船，对海军人员的职业化训练成为迫切要求。同时，美国陆军的西点职业教育样板也在美国海军界产生了强大压力。另外，从19世纪70年代开始，美国每年派遣少量军官到英国皇家海军学院学习造船技术。他们在了解到更多的先进技术后，积极呼吁美国建立一所海军学校。美国对青年海军候补少尉的教育，最初是在费城海军工厂的海军收容所进行的。当时，美国海军效仿英国皇家海军，让学员通过海上练习获得实践知识，而不是像法国海军那样，实行院校课堂教学。1845年，美国在位于切萨皮克海湾沿岸的马里兰州首府安纳波利斯成立了一所海军学校。新海军学校成立后，对学员实施课堂教育，起初提供的学术课程与西点军校的陆军工程兵学员所接受的教育很相似，同时培养学员的操舰能力，并通过严明的纪律实施管理。学校名称几经周折，1849年被正式命名为美国海军学院（United States Naval Academy），并延续至今。

美国海军早期职业教育的另一个重要标志，是美国于19世纪下半叶在位于罗得岛州纽波特建立的鱼雷学校。它是美国海军应用学校的开端。但当时学校的氛围更像一座工厂，教学重点是技术而不是军事专业，其主要原因在于海军舰船逐渐改用蒸汽动力。这实际上表明，美国南北战争结束后，美国海军职业教育的重点是职业技术教育。早在南北战争结束前，美国国会就批准在海军学院设立助理工程师课程,学员为有过蒸汽机制造经历的 18～22 岁的年轻人。这一"工程师"专门课程持续了 20 多年。后来因海军工程兵被取消,海军要求所有作战军官必须同时具有担任工程师职务的资格。因此,对专业技术知识的要求,实际上大大超出了一般初级军官所需达到的水平。美国南北战争以后,军事职业教育在一定程度上得到重新重视。陆军和海军两个军种的教育机构得以发展。两个军种的学院都更具职业军事特色,海军学院的教学内容和管理更多受到职业海军的影响。对军事职业教育的重新重视也带动了面向已任命军官的职业教育计划的发展。

(3)空军军种军官职业教育体系的建立

美军空军军官职业教育可以追溯到陆军航空兵的兵种职业教育。1920 年陆军航空兵成为独立的战斗兵种(之前属情报兵),航空兵在弗吉尼亚的朗利基地创立了航空勤务兵学校。1922 年更名为"航空勤务兵战术学校",1926 年又更名为"航空队战术学校",并于 1931 年迁至亚拉巴马州的麦克斯韦尔基地。该校是陆军航空兵的培训中心和理论研究中心,不仅培训了大量陆军航空兵军官,还开发了陆军航空兵作战概念、条令、战略战术和理论。两次世界大战期间陆军航空兵的地位有所提高。1941 年,陆军在航空兵的基础上成立航空队;1942 年,陆军航空队脱离了陆军地面部队的指挥体系,设立了本兵种的参谋部和参谋长职位。兵种地位的提升带来了兵种培训的发展,陆军航空队组建了工程学校和航空医学院这两所技术院校。第二次世界大战结束后,陆军航空队发展成为独立军种,1947 年 9 月,空军部正式成立。在此之前的 1946 年,空军成立了空军大学,下辖空军战争学院、指挥与参谋学院、中队指挥官学院(代替战前的陆军航空队战术学校)。这些院校构成了完整的军种高、中、初级任职教育体系。空军大学还包括空军技术学院,伊克尔职业发展学院,空军大学研究、条令和教育学院,士兵军事职业教育学院和新入伍军官训练学校这些官兵继续教育机构。空军大学同时作为军种的一级司令部,领导和管理下属的所有任职教育院校。1954 年,时任美国总统的艾森豪威尔签署法令,成立空军军官学校,作为空军的任命前军种教育机构。至此,空军建立了从任职前教育到初、中、高级任职教育的完整的军种职业教育体系。

（4）海军陆战队军官职业教育体系的建立

美军海军陆战队职业教育体系发端自1891年创建的海军陆战队应用学校。美国于1919年在位于弗吉尼亚州的匡蒂科设立了海军陆战队野战军官课程（The Marine Corps Field Officers' Course），重点教授武器及其战术运用。1920年9月，美国在该校基础上成立了海军陆战队海上部队学校（The Marine Corps Maritime Force School）。学校着眼于战略和战术层次的教育，目的在于确保部队为当前和未来做好准备，并制定最佳作战方案。海军陆战队海上部队学校创立了美国海军陆战队职业教育的三级体系结构：面向新任命少尉军官的基础教学、面向资深中尉和上尉的连职军官课程，以及面向资深上尉至上校的高级军官课程。这个三级体系结构一直保持至今。

两次世界大战期间，海军陆战队领导层接受关于两栖作战是陆战队未来作战样式的观点，并开始将两栖作战纳入重点研究之列。在詹姆斯·布雷肯里奇准将的领导下，海军陆战队海上部队学校对开设的课程进行重大调整，增设两栖作战与近距离空中支援课程。匡蒂科的海军陆战队海上部队学校比过去任何一个时期都有重大改变。学校规模扩大，所招收的学员不仅有陆战队学员，还有海军和陆军学员。到1941年，学校学员人数从1920年的10多名增加至431名，其中陆战队学员385名，海军学员40名，陆军学员6名。第二次世界大战初期，几乎所有的海军陆战队团级以上指挥官都是该校的毕业生或教官。第二次世界大战迫使美国海军陆战队扩编，对营、团和师级军官的培训需求猛增。为此，海军陆战队海上部队学校设立了指挥与参谋课程。课程以战术为重点，学制为12周，学习内容涵盖参谋业务、普通战术、进攻战、防御战、特种作战、前沿海军基地防御、两栖行动等。自第二次世界大战初期开始，学校开始接收盟国军官入校学习。第二次世界大战期间及以后，新一代陆战队军官的非凡表现和整个部队所获得的巨大成功，充分说明陆战队的军事职业教育正不断走向成熟。1964年，该校更名为海军陆战队指挥与参谋学院，向陆战队所有部队提供必需的军事教育。

4. 美军联合职业教育体系的建立

（1）联合军事职业教育理念的形成

美国联合军事职业教育出现的直接推动力源自战争经验。第二次世界大战使美军意识到，一旦美国参与远离本土的国际冲突，就必须实施跨军种作战。解决这一问题的根本方法，只能从教育体制入手。因此，根据美国陆军航空兵和海军两个委员会关于跨越军种界限实施培训的共识，建议创建一所新学校，招收各军种选派的军官，专门学习和研究所有军事力量的联合运用问题。美国陆军航空队司令阿诺德将军在提出建立未来空军的设想和建立联合军事教学机构前，于1943年6月亲自督促创建了一所陆军-海军参谋学院（Army-Navy Staff College），目的是培养来自各军种的军官，使他们具备与联合指挥和联合作战有关的指挥和参谋能力。

第二次世界大战结束前，罗斯福总统就极力主张实施美军指挥体制调整，设立了参谋长联席会议和战区司令部。参谋长联席会议责成陆军-海军参谋学院的人员制订一个战后联合军事教育计划。该计划为参谋长联席会议制订军队总体教育计划提供了基础，其核心是在军官军事职业教育的各个层次开展联合教育。1947年，美国国会就各种改组方案举行了听证会，最终在《1947年国家安全法案》（National Security Act of 1974）中规定，实行陆、海、空三军种制，并决定积极采取措施，加快建立规范有效的美国军事职业教育体系。由此，美国开始了法制化的联合军事职业教育之路。

（2）联合军事职业教育体系的开创

美国联合军事职业教育的真正起步是国家军事学院的正式成立，1946年2月国家军事学院正式成立，该学院亦称国家战争学院（National War College，NWC）。该学院的联合教育办学理念同样来自第二次世界大战的经验教训。它诞生于各军种制订战后发展计划的竞争和妥协期间，在美国国会通过的《1947年国家安全法案》的法律支撑下发展。由于该法案对国防组织结构涉及较多，被称为《1947年国防改革法案》（Defence Reform Act of 1947），或者《1947年国防重组法案》（Defence Reorganization Act of 1947）。国家军事学院从1946年9月开始招收第一批军官学员。由于始终承担培养美国未来国家安全战略领导人的任务，该学院一直具有联合培养的特性和传统。美国各军种和几个相关政府机构都有学员和教员在此学习或工作,参与研究国家安全战略。国家军事学院从成立至今,始终专注于实施国家安全战略层次的联合军事职业教育。

(3) 联合军事职业教育体系的发展

第二次世界大战后美军认为,美国高级军事教育中必须增加有关军兵种联合、美军与盟军战略与作战、军队与国内其他政府部门及国际有关组织之间的合作协调等方面的相关知识和内容。美国对高级军事职业教育课程进行了普遍的扩展,同时对军种院校的教学内容进行了重大调整。这些举措的主要目的就是加强联合职业教育的成分。到20世纪50年代中期,美国各军种高级学院开始着力"在广阔的政治、经济、社会关系背景下确定高级职业军官的职责",并相应扩展教学课程。高级学院都不同程度地根据国家可利用的资源,从其政治、经济和社会的紧密关系方面来考虑作战计划和军事政策问题。学院除传统的优势课程外,还增设了包括国家战略、采办与后勤、国际关系、美国政府和政治,以及有关经济的一些课程。

战后美国军事职业教育的另一显著特点是通过开设选修课程,拓展各军种军官学校文化课内容,各军种院校之间进行交换学习。由于意识到战时不断显示出来的联合作战中各军种间合作的重要性,美军开始寻求可行途径以减少各军种间的敌对态度。大家认为,各军种间的这种敌对态度也会扩散到各军种学院,要解决这一问题必须从各军种院校着手。因此,美军决定在各军种院校中实施校际交换学习计划。到20世纪60年代,美国陆、海、空三军各军种院校都为所有学员提供选修课,鼓励学员分小组对重要问题进行学习和探讨,美国联合军事职业教育逐步发展起来。

第二次世界大战结束后,美国成为世界超级大国。为与苏联争夺世界霸主地位,美国建立了以北约为核心的大西洋联盟,以及与日、韩等国军事同盟构成的太平洋军事联盟的两大联盟体系,以顺应一些地区和国家寻求美国庇护的愿望,加速实现美国的全球领导地位。与此相适应,美国开始实施盟国之间军事交流与联合培训计划,以提高美国军官与盟国军官在联盟军事组织中执行任务的能力。美国推行国际军官交流与联合培养的做法多种多样,其中突出的有以下3个方面:一是在外国举办联合培训班;二是鼓励盟国选派军官到美军院校学习；三是将美国军官送到外国军校或进行课程交换培训。这些举措都推进了联合军事职业教育的发展。

美国国防大学的成立，是美国联合军事职业教育发展进程中的重要里程碑。美国国防大学（National Defence University，NDU）成立于1976年1月，它是美国联合军事职业教育的最高教育机构，地位重要，作用突出。1981年，位于弗吉尼亚州诺福克的武装部队参谋学院，作为中级联合教育机构并入国防大学。为强调其教学理论的联合特性，2002年，武装部队参谋学院更名为联合部队参谋学院（Joint Forces Staff College）。1985年2月，在美国军界享有崇高声望的美国战略与国际问题研究中心（Center for Strategic and International Studies，CSIS）发表了一份题为《建立更加高效的国防》的研究报告，强烈建议实施更深层次的军事职业教育改革。次年出台的《戈德华特－尼科尔斯国防部重构法案》也明确规定，在军事改革方面，各军种必须投入更多精力，以提高军事职业教育的联合特性，以此迫使美军部队尤其是海军部队接受军事职业教育，同时提高教育的学术水平，不断加强联合性。

美军联合职业教育先是经历了第二次世界大战后快速建立体系的过程，在短暂发展之后出现停顿甚至倒退现象，这一状态一直持续到20世纪80年代中期，直到20世纪80年代后半期随着《1986年国防部改组法》和斯凯尔顿改革，美军联合教育体制才逐渐发展和趋于完善。到1997年《切尼报告》出台后，联合职业教育的内容开始贯穿于美国军官军事职业教育体系的始终，不仅拓展到初、中、高3个阶段的任职教育，更进一步延伸到任命前教育。总体上看，美军联合职业教育经过调整和发展，变得更加顺应战争形态发展的趋势，更加贴近战争的需求，更加符合军事人才培养的规律，也更加系统化和制度化。美国军事职业教育模式因此成为世界上很多国家军队仿效的模式。

（二）士兵军事职业教育发展史

与军官梯次递进、逐级衔接的军事职业教育体系类似，美军的士兵和士官也有一套逐级递进的培训体系。美军士兵和士官的军衔分为9级，从E-1到E-9，分别是列兵、二等兵、一等兵、下士、中士、上士、三级军士长、二级军士长和一级军士长，对应的士兵军事职业教育主要分为5个等级：

士兵基础教育、初级士官教育、中级士官教育、高级士官教育和高级军士长教育。

第一次世界大战之后，美国国会将士官军衔调整为5个级别：军士长、技术军士、上士、中士及下士。20世纪30年代以前，士官通常隶属于某一个团，军衔也属于该团，离开该团即意味着放弃士官军衔。尽管西点军校成立以后军官的正式教育就开始了，但士官的同类领导课程则是第二次世界大战结束后才开始的。1958年美军设立了二级军士长、一级军士长两个高级士官级别。1966年，陆军参谋部设立了陆军总军士长的职位。1971年陆军建成士官教育系统，这一系统的宗旨是按所需学科和技能对士官进行军事职业教育，以增强其工作能力。

美国国防部在1980年初就认真地考虑，要求高级士官在服役14年或15年之后，必须最低具有大学肄业或大学二年级的文化程度才能进一步提升。作为一项过渡性措施，对这项议案进行评审的委员会在1986年将晋升到中士的最低教育水平提高到与高中毕业或普通高等教育相当的学历。1988年，美军完成了士官教育体系的改革。改革后的士官教育体系增加了提高专业技能熟练程度的训练时间，提高了训练标准和要求，加强了领导技能训练。并且新的教育体系要求严格贯彻各项原则、规定和要求，进一步强调士官晋级与士官教育体系和指挥职务相挂钩，并于1990年10月全面实施。这一体系在美军士官职业教育发展中具有重要意义：一是进一步明确了士官教育的三大领导者培养支柱，即院校训练、实践任职和自我发展。二是强调提高士官的读、写、听、说4种交往能力；三是士官教育体系的各种课程相互衔接，循序渐进。初步形成士官军事职业教育体系的4个层次：初级领导力发展课程、基础士官课程、高级士官课程和军士长学校课程。[①]

[①] 王文利，焦玉明.美国陆军士官职业发展管理概述[M].沈阳：辽宁大学出版社，2014：74.

三、军事职业教育发展现状

"9·11"事件使美国人更加清楚地认识到,为了保持观念创新或前沿优势,为了军队能够持续取得胜利,必须继续进行军事改革。同时,美国立国理念的本质是优越、领导和称霸。这种理念决定了其谋求超强国家地位、全球统治性发展的目标。这样的思维定式和追求模式自然驱使美国军事力量进行海外侵略扩张、跨地区战争和全球性军事干预。随着美军任务领域不断扩展,跨部门、跨机构的协调与合作越来越重要。美军职业教育体系需要培养更多的新型人才以满足新的工作需求。这些新型人才既要了解国家安全战略,懂得如何综合运用国家军事、外交、政治、经济等手段来推进国家安全利益;又要掌握协调政府各部门、国际机构、非政府组织的能力。

美国军事职业教育的发展现状主要包括:建立国家安全大学,完善职业教育院校体系;充分利用预备役院校,加强陆军院校教育训练;推动联合职业教育双轨制,满足联合人才需求;外语和国情成为军官职业教育的新内容。

(一)建立国家安全大学

依据《1986年国防部改组法》提升联合作战能力、推进联合教育的做法和经验,美军为推进国家安全层面的工作,首先,联合其他政府部门,创设新的官员类别,即国家安全专业官员,并出台这类官员资格认定和晋升的规定。其次,建立国家安全大学,明晰高等院校战略研究层次,调整原有任务区分,避免教学内容交叉重复。

建立国家安全大学符合美军中、高级任职教育互相关联、通过相邻教育层级构成的上下两个视角学习同一层次战略内容的特点。从历史发展来看,建立国家安全大学、完善职业教育体系一直是美军职业教育发展规划的一个重要方向。具体来说,中级教育方面,仿照战时陆军-海军参谋学院的模式,建立"武装力量学院",教授地面、海上、空中和勤务部队的综合协调使用;高级教育方面,建立由5所联合性质的学院共同组成的国家安全大学。

这5所学院分别是：研究国家军事战略的国家战争学院、负责外交人员培训的国务学院、负责军地管理人员培训的行政学院、负责战时工业和资源动员的工业学院及负责情报和反情报组织与实施的情报学院。

（二）充分利用预备役院校

陆军力争在部队规模缩减的情况下，提高快速反应和杀伤能力，以应对任务使命泛化带来的挑战。在部队编制体制方面，为应对复杂地形中的分散之敌，陆军现役部队增加了步兵和特种部队的数量；同时战后重建行动增加了军职专业和兵种需求，引发了陆军部队编成的变化。陆军推动了"整体陆军院校体系"转型计划，包括训练与条令司令部直接负责的16个综合性训练基地中的33所现役院校和130多个营建制的预备役训练院校。[①] 该体系每年训练人员为7.5万人，费用为60亿美元。陆军预备役院校具有专业技术培训能力强、培训能力富余和地域分布广的优势，其转型能够协调和融合预备役和现役训练教育体系，为分驻各地的陆军官兵提供及时、快捷、高效的教育训练。

（三）推动联合职业教育双轨制

美军军官联合教育采取多样化的实施方式以满足部队对于联合人才的需求。按照《斯凯尔顿报告》的建议，参加联合部队参谋学院第二阶段联合教育的学员是刚从军种中级院校第一阶段联合教育课程毕业的学员。在军种参谋指挥院校或高级院校进行10个月的学习后，学员需要继续进行为期5个月的第二阶段学习。美军联合教育尝试多种方式来解决调学矛盾，在教育体系不变的情况下，通过严格联合教育认证制度，授予更多院校实施联合教育的资格，将联合教育内容嵌入正常教学内容，为更多军官进行联合教育。在技术院校的教育中实施嵌入式联合教育，既可以扩大联合教育的覆盖面，又可以实现联合教育与专业教育的结合，是培养复合型人才的捷径。

---

① 王春茅.美国军事教育现状与发展展望[M].北京：国防大学出版社，2001：189.

(四)外语与国情成为军事职业教育的新内容

"9·11"恐怖袭击事件之后,美国认为国际安全环境和国家安全威胁发生了根本性的变化:未来的对手和冲突地域将不可预测,未来的联军伙伴将是更多国家组成的临时联盟成员,未来的作战行动将涉及更多的国家和更广泛的地区,未来美军将更多地参与从人道主义救援到战后重建,再到维稳行动等的各种非战争军事行动。美军在总结反恐战争行动和非战争军事行动的经验教训时深深体会到:语言沟通不畅和文化背景知识缺失,增加了美军在伊拉克和阿富汗的军事行动中的风险。为摆脱语言人才缺乏这一窘境,美国国防部在其制定的《2006—2011 财年战略规划》中,提出了国防语言转型目标。该计划将外语技能和地区知识能力建设提高到了战略高度,设立了外国国情专业军官类别,将外语能力作为军官晋升的条件,并发放外语人才津贴。外语技能和地区知识成为美国军事职业教育新的增长点。美军对训练内容和方法进行了改进,有针对性地进行外语能力和地区、国情知识的教学,确保在军官职业教育中增加相关语言和地区文化知识的内容占比。

美国认为,未来的前景总是变幻莫测的。现阶段的军官越来越多地开始在职业的早期阶段就具有军事职业教育背景,不同军种之间沟通的桥梁也基本通畅。但是站在美国国家安全的战略高度考虑,未来亟须在军事专家与国防部之外的政治领导层之间架起一座更大的文化桥梁。其目的在于,国家安全、国防和军事的高级官员们都能够更加有效地考虑如何整合国家力量的所有构成因素,以达成美国国家安全的目标。

第二节 俄罗斯军事职业教育发展概况

俄罗斯作为世界上领土面积最大的国家,拥有着悠久的军事传统。其军事职业教育系统是该国国防力量的核心组成部分,对于维护国家安全和提升国际影响力具有不可或缺的作用。在历史的长河中,俄罗斯军事教育经历了多次重大变革，从沙皇时代的贵族军官培养体系到苏联时期的全民兵役体系，再到当代强调专业化和技术化的教育模式，每一次转变都深刻影响着其军事力量的构成和发展。

一、军事职业教育类别

俄罗斯军事职业教育体系的构建是为了培养符合现代战争需求的高素质军事人才，主要分为以下 4 类：国家教育标准体系、军事院校教育体系、院校后教育体系和军事教育管理体系。

国家教育标准分为中等、高等和院校后职业教育标准，还可分为军事教育标准和地方教育标准两部分，以及相应的军事职业教育大纲。军事职业教育大纲，主要分为中等军事专业教育大纲、高等军事专业教育大纲及高等军事教育大纲。在确定军事院校职业教育内容的同时，俄军还制定了一整套军官职业教育要求体系，并经过了严格的科学论证。这一体系可分为 3 组：第一组是总的国家要求；第二组是总的军事职业要求；第三组是针对某些具体军事专业而制定的军事职业要求。

军事院校教育是俄罗斯军事职业教育的主体。俄军军事学院分为两类：第一类只实施中级军官的晋职前的培训和进修；第二类既实施中级军官的培训，也培养初级军官。第一类军事学院包括各军种的军事学院，如俄罗斯诸兵种合成军事学院、库兹涅佐夫海军学院、加加林空军学院、武装力量后勤与运输学院等。第二类军事学院设有两种基本系别，即指挥系和工程技术系。指挥系负责中级军官的晋职前培训和进修，工程技术系开设生长军官班，负责为各院校培养师资、为科研单位培养科研人员、为部队培养专业技术军官。军事大学的科系设置与第二类军事院校基本相同。

俄军认为，军事职业教育并不仅仅限于院校教育，而是贯穿于军人的整个军旅生涯，职业教育应当是一种连续不断的教育体系，应当保证军人的职业知识、技能和经验能够不断地得到更新和加强。院校后的教育主要是职业改（复）训和技能进修培训，由补充职业教育体系的机构和分队负责组织，一般由各类专科学院、培训班、系、中心和班级组织实施。

军事教育管理机构的使命是对军事院校的军官训练、地方大学军事教研室的地方大学生训练,以及少年军校、武备中学的各种训练工作进行组织和提供保障。

二、军事职业教育历史沿革

(一)军事院校教育体系的建立

1701年1月25日,俄国成立了第一个军事教育机构——航海学校,首期招收学员200人。学校不仅为军队培养专门人才,还为国家机构、彼得堡及喀琅施塔得培养建筑师。航海学校为当今整个俄罗斯军事教育系统奠定了基础。[①]

1700—1721年俄国发起了北方战争,由于战争的需求,开办了炮兵学校、工程兵学校、军医学校及其他学校。1732年出现了陆军武备学校(旧时俄国培养贵族子弟的中学),1762年出现了炮兵与工程兵武备学校,1802年出现了贵胄军官学校(旧时俄国为贵族子弟开办的享有特权的学校),1812年出现了测绘学校。19世纪中叶,共出现了19所武备学校。在军事教育体系完善的过程中,教育的目的与受教育的时限都发生了改变,但没有改变的是对未来军官在军事与道德教育、文化修养方面的高标准高要求。

18世纪末到19世纪初,出现了新的军事教育机构类型,即军事学校(波罗的海航海学校、总工程学校、炮兵学校及其他学校)和军事研究院(临床外科研究院,又名军事医学研究院;总司令部研究院,又名俄罗斯武装力量总司令部军事研究院)。1855年组建了工程与炮兵研究院,又名军事工程与军事炮兵大学,1867年、1877年分别组建了军事法律研究院与军事海洋研究院。军事研究院与地方普通大学相互支持,构建了军事科学教育的核心。

19世纪60年代俄国的军事改革要求培养大量高质量的军官。这一时期军事高等院校的数量增加了,还组建了学业时限较短的士官学校。全民教育

---

① 任莉,赵春江.俄罗斯军事教育体系发展综述[J].重庆师范大学学报(哲学社会科学版),2015,(5):84-90.

为军事教育奠定了基础,俄国开始组建军事中学,如1882年组建的贵胄军官学校。1863年建立了军事院校管理总局,它是军事教育体系的科学技术指导机构。随着诸如炮兵、航天自动化、铁路及其他新武器装备与军事技术的发展,出现了培养军官的学校。

(二)军事职业教育的长足发展

1917年爆发的十月革命,对俄国旧有的军事教育体系造成了极大的冲击。为了满足苏联红军对军官的要求,苏联组建了200多个短期军事培训班与低级指挥军官培训班,军事教育体系恢复了部分军事教育的职能。截至1918年,这些军事培训班共培养出了1773名红军指挥官。到1919年1月,共有大约1.3万名学员在63所指挥学校与培训班内学习。1920年11月,在军事院校管理总局的指导下,已经组建了153所教学单位,这些教学单位在1918—1921年为军队培养了各种层次的指挥官,共计4538人。[①]在1924—1925年的军事改革进程中,对军事教学机构进行了改革,组建了包括军事教育初级学校、指挥军官培训班及军事高等教育院校在内的新的军事教育体系。

1932—1950年是苏联军事教育体系的快速发展时期。在改组与扩大原有军事教育院校的基础上组建了一批新的机械与摩托化军事学院,如装甲部队机械与摩托化军事学院创建于1943年,在此基础上于1998年组建了俄罗斯联邦国防力量诸军兵种合成军事院校,这一时期还成立了军事应用电工技术学院,即现在的军事关系学院;军事化学学院,即现在的РХБЗ军事大学。1918年被撤销的总参谋部学院在1936年重新开始工作。军事学院再次成为军事教育的教学与科研中心。到卫国战争前夕,培养军官的军事教育机构包括19所军事大学、7所高级与203所中级军事专科学校,另外还依托普通地方高校设置了10个军事系。[②]

---

① 特利耶菲洛夫,谢洛娃.军事教育:实质、问题、前景[M].任莉,张建国,战红艳,译.北京:军事谊文出版社,2015.
② 任莉,赵春江.俄罗斯军事教育体系发展综述[J].重庆师范大学学报(哲学社会科学版),2015(5):84-90.

到了 1942 年，苏联培养的军官数量已经能够满足军队的需求，军事教育系统又转向有计划地组织教学和开展工作。1943 年底，为应对预备役的组建要求，将军校学员的数量从 42 万人削减到 22.8 万人（军事中等专科学校数量由 223 所减至 210 所）。这一时期苏联高等军事教育机构的教育年限恢复到战前水平，几乎所有兵种内部都组建了各自的高等学校。卫国战争时期，军事教育系统在培养指挥与工程技术人才方面积累了丰富的经验。

战争结束后出现了新的武器装备：核火箭武器、原子潜艇舰队、空间拦截设备。这要求扩大军事专业，组建新的军事技术学校，如火箭专业、高射火箭专业、无线电技术专业等。1946 年炮兵雷达学院开始招生。

为了培养这些专业的军官，1956 年防空指挥学院（即防空指挥大学）开始招生。炮兵学院（即彼得大帝战略火箭兵军事学院）开始转向培养组建战略火箭部队的军官。莫扎伊斯克军事空军工程学院（即军事工程航天大学）开始为空中打击培养军事人才。武器装备及军事技术的复杂性要求将中等军事学校改组为教育年限为 4 年的高等军事院校，其中许多学校在 20 世纪 70 年代初被改组为学制 5 年的指挥工程或工程学院。这一时期，只有航空专业还保留了中等军事学校。

1968 年开始，军事教育恢复了 1924 年确定的主要职能，致力于培养拥有扎实的、各种职业所需的基础知识的军校学员及学习者。军事教育机构被分成相应的等级：中等军事专业教育机构、高等军事专业教育机构、高等普通军事教育机构。到 1991 年，苏联将军事教育机构划分为 18 所军事大学、3 所军事学院、126 所高级军事学校、8 所中级军事学校和依托地方大学组建的 7 个军事系。军事教育体系完全满足了苏联对高质量军官的需求。

三、军事职业教育发展现状

20 世纪 90 年代初，苏联武装力量共拥有军队院校 166 所。苏联解体后，俄罗斯军队接管了其中 116 所军队院校，其余 50 所军队院校则由独联体的其他国家接管。为恢复完整的军官培训体系及适应新形势的需要，1992—1999 年，俄罗斯政府对这些军队院校进行了两次改革和精简整编。第一次裁减整编是在 1992—1997 年，这一时期俄罗斯军队对所接管的军队院校进行了大幅调整，裁撤院校 14 所，保留 102 所，其中军事学院 17 所、大学 1 所、专科学院 4 所、高等军队院校 71 所、中等军队院校 3 所，另外还在 6 所地方高校中设有军事系。各类军队院校按性质可分为综合性院校、指挥院校、工程技术院校和专业院校，共设有 456 个本科专业和 185 个专科专业，可同时培训 12.5 万名学员，每年平均毕业学员 2.3 万人，其中 2 万人被任命为初级军官。

1998 年 8 月，为了适应军队结构、员额、任务的变化及地方院校逐步向收费过渡导致军队院校学员实行合同制等新情况，根据俄罗斯联邦政府《关于俄罗斯联邦国防部职业教育的军事教育机构》第 1009 号决议，俄罗斯对军事院校进行了再次精简调整，撤并院校 15 所，新组建院校 7 所，改组合并院校 15 所，改编更名院校 35 所。调整后的院校数量精简为 57 所，其中军事学院 10 所、军事大学 9 所、军事专科学院 38 所。另外，军队院校所属分校 22 所。军队院校及其分校总数为 79 所，共设有 300 个专业。设在地方大学的军事系也全部改编为军事专科学院，原有的 3 所中等军事学校已全部撤销，中等军事教育由 5 所军事专科学院代行。[①] 俄罗斯军队接收苏军院校 116 所，自 1997 年初谢尔盖耶夫担任俄国防部长后，俄罗斯进入新一阶段的军事院校改革，大量削减军事院校，2012 年军队院校数量裁减到 20 余所。

2008 年俄格冲突后，俄罗斯为应对传统的和新的国家安全威胁，启动了自独立以来最为深刻的"新面貌"军事改革。改革中，俄军根据 2008 年总统批准的《关于塑造未来军事院校体系的报告》，制定了《俄罗斯联邦军事院校体制改革规划》，从优化教育资源、规划培训层次、加强队伍建设等方面进行全面的军事教育改革；改革后的军官培养体系与武装力量新结构和新任务相适应，为提高俄军作战能力提供了有力的人才保证。[②] 2008—2012 年改革阶段的目标是"通过调整军事院校体系，优化教育资源配置，建立符合武装力量新面貌的新型军事人才培养制度"。主要改革措施包括：一是建立

---

① 李雪松. 外国军队院校教育研究 [M]. 北京：解放军出版社，2008：65.
② 李楠等. "新面貌"改革后俄罗斯军官培养体系探究 [J]. 高等教育研究学报，2017，40（4）：61-67.

单一的"国防部（干部总局军事教育局）—军兵种司令部（院校处）—院校"三级领导体制；二是将65所军事院校整合为10所具有独立招生资格的综合性军事院校，保留229个地方高校军事教研室中的67个，并在地方高校中设立37个军事训练中心；三是于2011年9月起废止初级、中级、高级3层军官培训体系，并于2012年9月起采用博洛尼亚高等教育体系；四是建立并实施补充职业教育制度；五是改革培养目标和教学理念，将培养联合作战指挥员作为军官（包括生长军官）培训的首要目标，并进一步突出实战化教学理念。[①]

2012—2014年这一阶段的改革目标主要是进一步优化完善军官培养体系，解决前期改革过程中出现的偏差。主要改革措施包括：一是重新调整军事院校结构，恢复了一系列院校机构，将具有独立招生资格的院校数量重新调整为16所；二是放弃采用不切实际和饱受争议的博洛尼亚高等教育体系；三是在2013年恢复准尉制度后，重建准尉生长军官培养机制；四是2013年9月起全部采用新的教学大纲和统一的考核标准；五是整合现有资源并加大投入，逐步装备现代化教学器材、实验设备和武器装备。

目前，俄罗斯武装力量所属军队院校有4种基本类型：军事学院、军事大学、军事专科学院和高等军事学校。从对军官的培训过程看，俄罗斯军队院校的体系大体上可分为"两段三级"。"两段"即新军官（生长军官）的任职培训阶段和现职军官的深造阶段；"三级"即初、中、高3个军官（生长军官、中级军官和高级军官）培训等级。相应地，俄罗斯军队院校也区分为初、中、高3个等级。其中，军事专科学院和高等军事学校负责初级军官的培训与进修；各军兵种军事学院和军事大学主要负责中级军官的晋职前培训和进修，同时为充分发挥自身的教学科研潜力，某些军事学院和各军事大学还开设有初级军官班，培养一定数量的初级军官，学员毕业后主要从事教学和科学研究工作；高级军官的晋职前培训和进修，由总参军事学院实施。从教学内容的性质上看，俄罗斯军队院校还可分为综合院校、指挥院校、工程

---

① 杨育才. "新面貌"改革以来俄军的建设与发展[J]. 俄罗斯东欧中亚研究，2017（5）：17.

技术院校、指挥与工程技术合一的院校、后勤院校和其他专业技术院校。从院校的隶属关系上看，可分为各兵种直属院校、总参谋部直属院校、国防部各部门所属院校等。边防军、内卫军等其他军队和强力部门的院校，因数量少，有的部门只有一所院校，其培训任务也相对单一，一般分为两级或两个系列，即初级院校和中级院校（系）。各部门所缺少的专业或教育层次，委托武装力量或其他部门的军队院校解决。例如，俄罗斯诸兵种合成军事学院（原伏龙芝军事学院和原装甲兵学院合并而成）设有边防军系和内卫军系，为边防军和内卫军培养中级军官；总参军事学院为各强力部门培养高级军官；武装力量的其他一些院校，为其培养相应专业的军官（如飞行员、舰艇指挥与技术军官等）。

俄罗斯整个军队院校体系呈"金字塔"形，军事专科学院、高等军事学校，担负着90%以上生长军官的培训任务；其中，各类高等军事学校数量最多，是院校的主体。各兵种或通用学科的军事学院、军事大学居中，主要担负中级军官的培训任务，同时也担负一定数量的初级军官培训任务；最高一层是总参军事学院，担负高级军官和高级军事学者的培训任务。

第三节 其他国家军事职业教育发展概况

一、英国军事职业教育发展概况

（一）军事职业教育的起源与早期发展

英国军事职业教育起源于中世纪骑士教育与军事训练。中世纪时期，骑士制度构成了军事和社会结构的核心。骑士教育与训练是其成为勇敢、忠诚并且高效的军事单位的关键。骑士教育不仅仅包括军事技能，还涵盖了宗教教育、礼仪、音乐和舞蹈等，这种全面的素质教育旨在培养骑士成为理想的封建统治阶级成员。骑士的军事训练通常从孩童时期的侍童开始，直至他们成为见习骑士，最后被授予正式骑士称号。军事训练包括马术、剑术、枪术、盾牌使用及盔甲穿戴等。除此之外，还设有实战演习，包括基础武器操作，模拟战斗和锦标赛等，骑士们能够磨炼个人战斗技巧并学习战场策略。骑士教育与训练直接影响了当时的战争模式，以重装骑兵冲锋为典型战术，骑士在战场上的移动性和冲击力成为决定战斗结果的关键因素。

英国都铎时期（1485—1603年）是英国军事教育历史上一个关键的转型阶段，期间英国经历了政治稳定、经济成长与海外扩张。这一时期，英国的军事教育逐渐从传统的骑士教育向着更专业化的方向发展。不仅反映了军事战术的变迁，也体现了国家对常备军和海军力量日益增长的重视。该时期开展了一系列军事教育制度改革。随着火药武器的日益普及，传统的骑士武装和战斗方式逐渐变得过时。都铎时期陆军军事教育开始强调火药武器的操作和战术运用，以及对步兵的系统训练。为了保护日益增长的海上贸易利益和维护国家的海洋利益，都铎王朝投资于建设一支强大的海军，包括对航海技术、船舶驾驶和火炮操作的技能培养，以适应海战的需求。亨利八世在16世纪建立了专门的军事教育机构——德特福德皇家海军学院，这是英国向制度化军事教育迈出的重要一步。该时期军事教育内容涵盖了基本的武器操作、战术理论、海上导航、海图制作等。同时，还强调对军人纪律性、忠诚度和领导力的培养。

斯图亚特时期（1603—1714年）至第一次工业革命（约18世纪末）是英国历史上从封建社会向现代社会过渡的关键时期，这一时期英国经历了包括英国内战和光荣革命在内的政治动荡，也处于欧洲军事革新的浪潮中，火药武器的使用变得普遍，战术和武装力量的结构亦随之改变。陆军军事教育的重点从骑士的个人武艺转向了火力编排和战术协同，新的私立陆军学院成立，聚焦于工程学、现代堡垒构筑和战术。学院不仅提供理论知识，还强调实地演练和实战模拟。第一次工业革命前夕，新的制造技术的出现，如火炮的铸造技术改进和蒸汽引擎的发明，为军事战术和装备带来了新的发展机遇，也为英国在全球的军事扩张奠定了坚实的基础。

（二）两次世界大战期间军事职业教育的演进

第一次世界大战是人类历史上第一次大规模的工业化战争，它展示了现代武器技术（如机枪、坦克、毒气和飞机）和新战术（如壕沟战）的威力。英国作为主要参战国之一，其军事教育系统在战争中暴露出多方面的不足，亟须改革以适应新的战争形态。第一次世界大战期间，英军面临前所未有的士兵和指挥官需求，为了迅速补充兵力，英国实施了"战时紧急训练计划"，加速新兵的训练与部署。该时期英军开始注重对火炮、机械和通信等领域的专业培训，以适应战场上的新技术和新需求。战后，英军将战后反思和经验总结反馈到了军事教育体系，军事训练课程得到重新设计，更多地融入了现代战术、物流和管理等内容。英国同时成立了更多的军事学院和军事研究机构，如英国皇家军事科技学院，专注于现代技术和武器装备的研究。

1939年爆发的第二次世界大战，迅速引发了全球范围的冲突。英国军队虽然在第一次世界大战后进行了部分改革，但军事教育体系仍未能完全适应新兴的战争技术，如坦克战和空中战斗的大规模应用。随着战争的爆发，英国实施了大规模的紧急培训计划，以快速扩充兵力。这包括简化训练程序、缩短训练周期，以及强调实战技能的快速传授。

在专业技术培训方面，为操作新出现的技术装备，如雷达、密码机和先进火炮，英国建立了多个新的专业技术学校，用于培训专业技术人员。空军环绕海军的飞行训练、潜艇战术训练得到加强。在高层指挥教育方面，考虑到总体的战争需要，英军对高级军官的教育体系进行了调整，强化了战略规划和资源管理等内容，以适应更大范围和更高强度的战争需要。

（三）"冷战"背景下军事职业教育的发展

"冷战"时期（1947—1991年），全球安全环境由直接的大规模军事对抗变为军备竞赛和核威慑等。英国作为西方阵营的重要成员，面临着全新的战术和战略需求，包括核战争的可能性和对高科技情报收集与分析的依赖。该时期英军成立了英国皇家国防研究学院，专注于核战略和相关政策的教学。海军和空军的教育机构也开始提供与核动力和核武装飞行器操作相关的课程。在高级指挥与高级参谋教育方面，为了培养能够有效参与"冷战"战略决策的高级军官，英国建立了联合服务参谋学院，强调对复杂军事行动、联盟指挥与控制及国际关系的教学。在专业技术培训方面，加强了对电子战、密码学、计算机操作等专业技能的培训。此外，情报收集和分析培训也得到了前所未有的重视。

（四）当代英国军事职业教育的发展

英军原有实施军事职业教育的院校共86所。为了满足联合作战的需求，英国国防部于1997年将原属各军种的陆军指挥与参谋学院、海军参谋学院、空军参谋学院和联合防务学院合并，成立了三军联合指挥与参谋学院，2003年4月又将9所院校和科研机构组建成新的国防大学，这样就使原有的86所院校锐减为目前的75所（含培训中心）。[①] 近几年来，为了更好地发挥各个院校和训练中心的综合优势，进一步增强军事职业教育的联合性、针对性，促进军人综合素质和职业能力的养成，英国军事院校进行了一些调整，主要做法包括：裁并院校和训练基地，例如，为培训精通三军联合作战的高级指挥与管理人员，2002年4月，英国将英国皇家国防研究学院、英国皇家军事科技学院和三军联合指挥与参谋学院等一些院校和训练机构合并组建成国防大学，属该校管理和协调的单位还有国防财务与管理学院、采购训练中心、冲突研究中心和国防领导才能开发研究中心等。同时，为适应"冷战"结束后英军规模缩小的形势和三军联合作战的情报保障需要，英军合并了各兵种分散在英国各地的多个情报培训机构，成立了英国国防情报与安全中心。该中心下设国防情报与安全学校、联合情报学校、联合图像判读学校和国防特别信号学校4所专业军事情报学校，隶属英国国防情报总局，每年培训英军和部分外军情报人员约3400人，年度预算2200万英镑。此外，英军还在解散各兵种有关院校的基础上，成立了三军联合教学的国防航空工程学校、国防工程训练中心、国防通信学校和国防后勤学校等。

---

① 盛红生. 英国军事院校教育的启示意义 [J]. 未来与发展，2009（1）：93–96.

二、法国军事职业教育发展概况

（一）早期军事职业教育的发展

法国的军事职业教育最早起源于中世纪至文艺复兴时期。在这一历史阶段，法国作为欧洲的重要国家，其军事力量的发展对欧洲政治格局产生了深远影响。法国军事教育经历了显著的变革，从注重个人武艺的骑士教育逐渐演变为注重团队协作、战略战术及武器技术的职业化军事教育。这一转变不仅提升了法国军队的战斗力，也为后来的军事教育体系奠定了基础。中世纪初期，法国军事教育以骑士教育为主，强调骑士的忠诚、勇敢和武艺。骑士们通过接受严格的体能训练、武器使用技巧训练和骑术训练，成为战场上的精英力量。然而，这种教育方式过于注重个人武艺，忽视了团队协作和战略战术的重要性。随着封建制度的发展，法国逐渐形成了由贵族领主的私人军队组成的军事组织。这些军队在训练上往往缺乏统一的标准和体系，导致战斗力参差不齐。在此背景下，一些大的封建领主开始尝试建立更为系统的军事训练制度，以提升军队的整体素质。

文艺复兴时期，法国军事教育发生了重大变革。随着人文主义的兴起和科学技术的进步，法国开始建立更为系统、科学的军事教育体系。这一体系不仅注重体能训练，还加强了战略战术、武器技术及军事理论的教学。法国在这一时期成立了多所军事学院和教育机构，如巴黎综合理工学院等，专门培养军事人才。这些学院不仅为法国军队输送了大量优秀军官，还推动了军事科学的发展和创新。文艺复兴时期，火器技术的发展对军事教育产生了深远影响。法国军事教育开始注重火器使用的训练，并引入了炮兵、工兵等新型兵种。这些变革不仅推动了军事教育内容的更新和扩展，也提升了法国军队的战斗力。通过系统化、职业化的军事教育，法国军队的整体素质得到了显著提升。士兵们不仅掌握了更为先进的武器技术和战术战法，还具备了更强的团队协作能力和战略意识。这些变化使得法国军队在战场上更具竞争力。

（二）王朝时期至大革命前的法国军事教育

王朝时期至法国大革命前夕，是法国历史上一个充满变革与动荡的时期。在这一阶段，法国军事教育经历了从传统到现代的深刻转型，为后来的军事改革和社会政治变革奠定了重要基础。随着封建制度的逐渐衰落，传统的骑士教育逐渐失去了其主导地位。骑士们虽然仍被视为战场上的精英，但他们的军事技能和教育方式已难以适应日益复杂的战争需求。与此同时，火器的发展和普及使得传统的骑兵冲锋和步兵肉搏战术逐渐过时，取而代之的是更为复杂和精细的战术体系。武器技术训练成为军事教育的重要内容之一。士兵们需要掌握各种火器的使用方法和维护技巧，以确保在战场上能够充分发挥武器的杀伤力。同时，军队还加强了炮兵、工兵等新型兵种的训练和装备的更新。因此，军事教育更加注重武器使用、战术配合和战略思维的培养。

（三）大革命至拿破仑时代的法国军事教育

在大革命至拿破仑时代，法国军事教育经历了从混乱到有序、从分散到集中的转变，为拿破仑帝国的辉煌战绩提供了坚实的人才基础。军事教育不仅成为培养优秀军官和士兵的重要途径，还成为推动社会政治变革和巩固国家政权的重要工具。法国大革命初期，旧有的封建军事体系迅速瓦解，取而代之的是由各个政治派别和武装力量组成的复杂军事格局。这一时期，军事教育处于混乱状态，缺乏统一的标准和体系，导致军队素质参差不齐。为了应对战争需求，法国政府采取了一系列临时应急措施，包括招募志愿者、组建国民自卫军等。然而，这些部队的军事训练往往缺乏系统性和规范性，难以满足战争的需要。

拿破仑上台后，迅速着手重建军事教育体系。他建立了中央集权的军事指挥系统，并设立了专门的军事学院和教育机构，如巴黎综合理工学院、圣西尔军校等，以培养高素质的军官和士兵。军事教育注重战略与战术、武器技术、纪律与体能训练等多方面的综合发展。教育内容不仅包括传统的军事理论知识，还融入了现代战争的新理念和新技术。例如，炮兵和工兵等新型兵种得到了更多的关注和培训。拿破仑强调实战化训练的重要性，通过模拟真实战场环境和作战任务来提升军队的战斗力。同时,他还注重培养士兵的集体荣誉感和归属感,如通过绣有荣誉修饰语的军旗等方式来激励士兵的斗志和士气。

(四)两次世界大战期间的法国军事教育

两次世界大战之间,法国作为欧洲大陆的重要国家,其军事教育不仅关乎国家的安全与稳定,也深刻影响着国际格局的演变。这一时期的法国军事教育在战后重建的基础上,不断适应国际形势的变化,努力提升军队的战斗力与应对能力。第一次世界大战结束后,法国面临着巨大的军队重建任务。军事教育作为军队建设的重要组成部分,急需进行反思与改革。法国政府意识到,要防止未来战争的再次发生,必须从根本上提升军队的战斗力与应对能力。战后初期,法国军事教育体系在废墟中逐步恢复。政府重建了多所军事学院和训练基地,如高等军事研究中心、圣西尔军校等,为培养新一代军官提供了重要平台。同时,法国还加强了与盟国在军事教育领域的交流与合作,共同应对新的安全挑战。

随着国际形势的变化和军事技术的发展,法国军事教育内容不断更新。除传统的战术、战略、武器技术等课程外,法国还加强了信息化、心理战、核威慑等新型军事领域的教育与培训。这些改革使法国军队能够更好地适应现代战争的变化。法国军事教育注重实战化训练,通过模拟真实战场环境和作战任务来提升军队的战斗力。政府投入大量资源建设训练基地和模拟设施,为士兵提供逼真的训练环境。同时,法国还积极参与国际军事演习和联合军演,与盟国共同提升应对突发事件的能力。同时,强调军官与士兵综合素质的提升。政府通过加强思想政治教育、体能训练、心理辅导等方式,培养官兵的爱国情怀、纪律观念、战斗意志和团队协作能力。这些努力为法国军队在战争中的出色表现奠定了坚实基础。

(五)现代军事职业教育体系的建立

为适应新军事变革需要,法军加速推进其现代化建设,2001 年法军宣布全面实现军队职业化。根据法国国防部 2019 年统计数据,法国军人约有 20.6

万人，全体军人在不同时期都要接受不同类型的军事职业教育。从总体上看，法军已经建立起了较为完备的军人军事生涯终身职业教育体系。法国军事职业教育分为院校教育和在职培训两大体系。其中院校任职教育是军事职业教育的主体，在职培训是其重要补充。依据培养对象和目标的不同，可划分为初级军事教育、首次任职教育、高级军事教育、专业技术教育和少年军事教育5种类型。[①]

法国三军参谋部高等军事教育局是领导高级军事院校业务工作的职能部门，负责为军事院校制订招生计划、确定培养目标、拟制教学大纲等，对军事院校进行业务指导。陆军、海军、空军三军参谋部负责制订本军种各院校的招生计划、教学大纲，确定培养目标等。[②] 法国现有各级各类军事院校113所，其中高级军事院校3所，中级军事院校19所，初级军事院校91所。担任高级指挥职务的上校和将官由三军参谋长所属的诸军种高级院校组织实施。中级培训的对象是有10年以上军龄的上尉和少校、中校军官，目的是使他们获得司令部工作能力、专业技术知识和指挥诸兵种合同作战的能力；少尉、中尉军官到初级院校培训，由各军种参谋部的院校司令部所属的初级军校或训练中心负责。

法军士官占全军比例高达38%。士官除从具有高中以上学历的16~18岁的法国青年中考试选拔外，还可从优秀士兵中选拔。选拔出的士官将被送入军队各专业学校学习。法国共有士官学校（或训练中心）55所，其中陆军21所，空军20所，海军5所，宪兵7所，全军性的有两所。

在职培训是法军进行军事职业教育的另一重要途径。法军官兵在日常教育训练中通过多媒体计算机、卫星通信与视频技术，实现不同军兵种、不同地点的军事职业教育内容与教官的交互式教育训练，通过电子信息处理、模拟仿真和激光视盘等技术，使受训者能够随时随地进入"虚拟实验室""虚拟训练中心""心理训练中心"进行学习和训练，用虚拟现实方式对官兵

---

① 李菁，范玉芳. 法军院校教育体系及其质量保障研究 [J]. 高等教育研究学报，2021，44（1）：57-64.

② 刘姝赟，姜红明. 法国军事职业教育及其启示 [J]. 学习月刊，2012（22）：8-9.

进行各种军事技能教育,有效提高了法军官兵的军事职业能力和心理攻防能力。

三、日本军事职业教育发展概况

日本作为东亚地区的发达国家,其军事力量的发展与军事职业教育的历史紧密相连。从古代武士道精神的传承,到近代军事改革的推进,再到现代军事教育体系的建立,日本军事职业教育经历了漫长而复杂的发展历程。

(一)古代武士教育(8世纪前半期至19世纪中叶)

古代日本,武士阶层作为社会的重要力量,其教育以传承武士道精神为核心。武士道强调忠诚、勇敢、荣誉和牺牲精神,这些价值观通过家庭教育、师徒传承和实战训练等方式深入人心。武士们不仅要接受严格的武艺训练,还要注重文化素养和道德修养的培养。随着日本社会的演变,武士阶层逐渐形成了自己的军事组织,如庄园制下的武士团。这些组织在维护地方治安、参与战争等方面发挥了重要作用。同时,武士教育也逐渐形成了固定的形式和体系,包括武艺训练、战术学习、军事管理等多个方面。

(二)近代军事教育改革(19世纪中叶至20世纪初)

19世纪中叶,明治维新开启了日本近代化的序幕。为了应对西方列强的威胁,明治政府大力推行军事改革,包括建立近代化的军事制度和教育体系。在这一时期,日本军事教育实现了从传统武士教育向近代军事教育的转变。明治军事改革之初,政府就创建了军事学校。1873年整备全国军制后,日本军事教育得到进一步发展。1888—1889年,陆军骑兵学校、海军大学、陆军炮工学校等中高级专业学校的建立,标志着日本军事教育系统的成熟。到中日甲午战争前,日本的军事人才培养实现了系统化、专业化,构建起院校数量众多、门类齐全、分工明确的近代军事教育体系。明治政府先后建立了陆军学校和海军学校等军事教育机构,如陆军士官学校、海军兵学校等。这些学校注重专业知识教育和实战技能训练,培养了大量高素质的军事人才。

明治政府还加强了军事教育与国民教育的结合，通过在学校中增设军事课程等方式，提高国民的军事素养和国防意识。同时，学习外军军事操典，制定训练法规以确保训练质量。近代西方军事学术的发展带动了日军作战模式、训练方式的变革。以枪、炮为主要攻防武器，多兵种协同作战的战争模式对军队的战术素养提出了更高要求。如何熟练运用武器装备、展开战斗队形、运用攻防战术成为各国军队军事训练的主要内容。富有实战经验的西方国家，针对不同的作战要求，纷纷制定了若干阵地操典，对军队行动加以标准化、制式化规范，军事训练也以此为依据展开。对没有任何实战经历的日本军队而言，学习西方现成的军事操典是提高实战能力的重要手段。[①]

随着军事学校的不断发展和完善，日本逐渐形成了较为完备的军事教育体系。这一体系包括初级、中级和高级军事教育等多个层次，涵盖了军事理论、战术技能、军事管理等多个方面。此外，政府还加强了对军事教育的投入和管理，确保军事教育事业的顺利发展。

（三）现代军事教育体系的建立与发展（20世纪初至今）

进入20世纪后，随着科技的进步和战争形态的变化，日本军事职业教育也面临着新的挑战和机遇。为了适应现代战争的需求，日本军事教育体系不断进行现代化改革。这些改革包括引入现代科技手段、加强国际交流与合作、优化课程设置和教学方法等。

现代日本军事职业教育体系包括多个层次和机构，涵盖了从初级军官到高级将领的全方位培养。主要教育机构包括陆军士官学校、海军兵学校、防卫大学等，这些学校不仅注重专业知识的教育，还强调实战技能和领导力的培养。这些学校的课程设置广泛而深入，涵盖了军事理论、战术技能、战略规划、国际关系等多个领域。教学内容注重理论与实践相结合，通过模拟演练、实战训练等方式，提升学员的综合素质和应对复杂情况的能力。同时还

[①] 日本明治维新时期的军事人才培养[EB/OL]. [2023-04-17]. https://mil.sohu.com/a/667446329_120900450.

强调实战化训练的重要性，通过模拟真实战场环境、设置复杂作战任务等方式，提升学员的实战能力和应对突发事件的能力。

未来，日本军事职业教育将更加注重多元化的人才培养。除传统的军事专业技能培养外，还将加强信息技术、网络安全、国际事务等领域的教育，培养能适应未来战争需求的复合型人才。一方面，加强与国际军事教育机构的交流与合作，借鉴国际先进经验和技术；另一方面，注重培养具有创新思维和跨界能力的军事人才，以适应未来战争的变化。随着全球化的深入发展，日本军事教育会越来越重视国际交流与合作，通过与其他国家军事院校的交流与合作，分享教育资源，以提升日本军事教育的国际影响力和竞争力。

四、德国军事职业教育发展概况

德国作为欧洲乃至全球军事强国之一，其军事职业教育的发展历史源远流长。从普鲁士时期的军事学院起步，到两次世界大战的洗礼，再到两德统一后的现代化改革，德国军事教育始终与国家命运紧密相连，不断适应时代变化，为德国军事力量的建设与发展提供了坚实的人才支撑。

（一）普鲁士时期的军事学院萌芽

普鲁士时期，德国军事教育的雏形开始出现。1810年，普鲁士在柏林创建了世界上第一所培养参谋人员的学校——柏林军事学院，标志着德国军事职业教育的正式诞生。该学院由沙恩霍斯特将军创立，旨在培养具有战略思维、能够灵活应对战场变化的军官。柏林军事学院突破了传统军事教育的束缚，以"精英"取代"贵族"作为部队领导层，推动了德国军事力量的现代化进程。

（二）两次世界大战期间的军事教育

两次世界大战期间，德国军事教育经历了巨大的变革。第一次世界大战前，德国军事教育注重培养军官的战术素养和指挥能力，为战争爆发后的迅速动员和高效作战奠定了基础。然而,战争失败的现实也暴露了德国军事教育在战略思维、后勤保障等方面的不足。第二次世界大战期间,德国军事教育在纳粹政权的干预下出现了扭曲和倒退,但仍有不少优秀的军事人才脱颖而出,如赫尔穆特·毛奇、卡尔·伦德施泰特等。

(三)两德统一后的现代化改革

德国统一后,面对国际形势的深刻变化和德国国家安全的需要,德国对军事教育进行了全面的现代化改革。德军建立了一套完整的"三类""三级""三结合"的军事教育体系,包括指挥院校、专业技术院校和综合性院校3个类别,以及初、中、高三级培训体制。同时,德军还注重军地结合、正规院校培训与在职培训相结合、军校理论教育和部队岗位训练相结合,以提高军人的综合素质和作战能力。

德国军事职业教育具有3个显著特点:一是注重实践教学,强调学员在实战环境中的锻炼和成长;二是重视军官的综合素质培养,包括领导力、战略思维、团队协作等多个方面;三是倡导个人创新与思考,鼓励学员在军事领域不断探索和创新。这些特点使得德国军事教育在国际上享有很高的声誉,并对德国军事力量的提升产生了深远的影响。

五、韩国军事职业教育发展概况

韩国自成立以来,面临着复杂的地缘政治挑战,军事职业教育作为国防力量的基石之一,对于提升军事作战能力和维护国家安全至关重要。韩国军事职业教育体系深受中国的儒家文化影响,体现了"文武并重"的传统思想,同时结合现代军事科学的需求不断演进。

(一)初期发展阶段

韩国军事职业教育的起源可以追溯到朝鲜战争后的重建时期。在这一时期,韩国面临重建军队和提升军队战斗力的迫切需求。为此,韩国政府着手建立了一系列军事学院和训练机构,旨在培养专业的军事人才和提高士兵的战斗技能。韩国早期的军事职业教育侧重于基础的军事理论和实践技能的传授，以满足当时国防的基本需求。

（二）中期改革与调整阶段

随着国际形势的变化与科学技术的发展，韩国军事职业教育在中期经历了一系列的改革与调整。特别是在"冷战"结束和经济全球化浪潮的影响下，韩国军队开始重视信息化和技术化教育，以适应新的战争形态。在这一阶段，韩军主要引入了西方先进的军事教育理念和训练方法，对军事职业教育课程体系进行了全面的优化和升级，强化了联合作战训练和高科技武器的操作训练。

（三）当代发展态势

进入 21 世纪，在不断变化的安全环境和军事威胁面前，韩军进一步强化了对军官和士兵综合素质的培养。当前，韩国军事职业教育不仅注重知识和技能的传授，还强调对创新能力、战略思维和国际视野的培养。同时，随着女性军人比例的增加和军队多元化的趋势，韩国军事职业教育也在努力实现性别平等和包容性教育的目标。

韩国军事职业教育已形成一个多层次、全方位的体系结构，旨在满足不同军种、不同职务和不同级别的教育需求。从基础的军事训练到高级的指挥参谋教育，涵盖了各个层面的军事人才培养。顶层方面，韩国国防大学作为最高学府，负责培养高级指挥官和战略决策者。中层则是各军种的军官学校，如陆军军官学校、海军军官学校和空军军官学校，它们专注于培养中级指挥官和专业技术人员。基层教育机构则包括各类军事训练中心，负责新兵的训练和士兵基础技能的提升。

第三章

外军军事职业教育的组织领导

因国情和军情的不同,世界各国的军事职业教育的组织领导各有所异。但纵观世界主要军事强国的军事职业教育组织领导,无一不是将军事职业教育纳入本国军事教育训练体系之中统一筹划,作为系统之中的子系统来进行组织领导。因此,研究外国军事职业教育的组织领导,应立足于不同国家的军事训练教育理念、顶层设计,分析其具体的领导组织结构、职责区分和相应的管理运行机制等内容。

第一节　美国军事职业教育的组织领导

无论是美国军事职业教育(PME)、分布式学习(distributed learning,DL),还是自我发展和在岗培训,都作为军事训练的一项职能业务纳入美军的整体训练体系进行组织领导。有的组织领导工作仅作为训练主管部门的一项业务,而有的设有相关的专业机构。因此,为了从宏观和微观两个角度全面认识美国军事职业教育的组织领导,有必要从美国军事训练的组织领导的大体系入手进行分析,在此基础上重点介绍相关专业性组织领导机构。

一、美国军事职业教育组织领导的顶层架构

美国军事职业教育的组织领导顶层架构主要分为3个层级。[①]

第一层级是国家和全军。主要由国防部长通过参谋长联席会议统一领导全军军事训练。其主要训练组织领导机构包括国防部长办公厅、联合参谋部和国防部作战支援局。

第二层级是军种司令部及各战区司令部。主要包括各军种司令部及下设的各军种教育与训练司令部（陆军为训练与条令司令部）和各作战司令部。其中，各军种司令部在军种部长领导下，由负责人事或计划与作战的副参谋长（海军为作战部副部长）统管本军种的军事训练，具体由各军种参谋部（海军为作战部）下设的业务部门与军种教育与训练司令部组织落实；各作战司令部则负责本战区或本职能领域内的军事训练。

第三层级是国防大学与军种院校和各部队主管训练的业务部门。其中，国防大学与各类军种院校主要负责联合军事职业教育的具体组织和实施；而各部队主管训练的业务部门则负责在统一的训练大纲指导下，组织落实所属人员的军事职业教育、在岗训练、自我发展等具体工作。

二、美国军事职业教育相关职能部门及其职责

在军事职业教育的总体组织构架之内，美军的训练体系之中还设置了负责在职教育训练及分布式学习的专业职能机构。

（一）美军在职教育训练组织领导机构

美军在职教育训练组织领导机构包含组织管理与具体实施两个层级。其中，组织管理机构包括国防部内设的非传统教育保障处和各部队及训练机构内的教育中心和教育军官。而具体实施机构则为各军种的各级各类院校及根

[①] 陈新民，俞存华，张根亮，等. 军事训练百科全书（第九卷）：部队国家军队军事训练 [M]. 北京：中国大百科全书出版社，2016：2270-2274.

据合同承担相关培育任务的中高级国民教育院校。[1]

1.美国国防部非传统教育保障处

美国国防部非传统教育保障处是专门负责美军志愿教育计划（voluntary education programs）的机构。其职能是支持美国军队中准尉、士官和士兵等各类应征入伍人员参加基础教育水平的国家考试，并为军人及军属提供各种学习资源和机会，以使上述人员能够在非工作时间提高自身受教育水平，同时提高军队的战备水平。美国国防部为各军种的应征入伍人员制定了非传统教育计划。国防部非传统教育保障处是这一计划的管理与执行机构。根据美国国防部非传统教育保障处官方信息，其下属机构主要包括：

① 管理办公室，负责整体的规划、指导和监督工作。

② 教育顾问团队，为军人及军属提供个性化的教育咨询和保障服务。

③ 考试中心，设立在各军事基地内，负责组织各种标准化考试。

④ 资源中心，提供各种学习资源和工具，支撑军人自主学习。

⑤ 资助和奖学金部门，管理各类教育资助项目，帮助军人和军属获得经济支持。

2.教育中心和教育军官

美国军队各级训练机构和各军种部队均设有教育中心，各单位也有主管军人教育业务的教育军官。其主要职责和业务如下。[2]

教育中心和教育军官的职责是帮助各类人员制订文化教育和军事职业教育计划，申请各种财政资助，对所有有关教育的问题提供咨询服务，并负责组织、联系、举办与实施各种教育计划涉及的讲座、函授、辅导、考试、颁授证书等。

教育中心提供的服务包括军事专业图书馆、军人进修大学、职业咨询、语言技巧提高课程、军事专业课程及其他职业课程等服务。服务的对象并不只限于现役军人，有些课程将帮助军人在退役后继续追求他们的学习目标，

---

[1] 董科军.美国空军军官和士兵的职业军事教育[J].外国空军训练，2009（1）：54-57.
[2] 侯瑞东，李可心.中外军事职业教育比较研究[M].北京：国防大学出版社，2016：33.

还有些课程是针对军属的。大部分教育课程要求学习者在业余时间完成,只有少数课程允许利用工作时间参加,如某些职业课程或与军事专业有关的训练,以及将要去海外服役前的语言培训等。

(二)美军分布式学习组织领导机构

分布式学习是美军教育训练体系中的重要组成部分。美国陆军认为它是"通过运用现有与新兴的技术来加强训练的方式"。[①] 分布式学习通过采取网络或其他技术手段,允许美军军人在不同的地点和时间进行学习,从而在不影响其正常军事职责和任务的情况下,提高学习者的专业技能和知识水平。分布式学习的内容和形式非常多样,包括但不限于在线课程、虚拟课堂、数字媒体和独立学习模块。这些学习资源可以是由军队内部开发的,也可以是由外部教育机构提供的。通过这种方式,美军能够确保其人员在不断变化的全球安全环境中拥有最新的战术、技术和程序知识。

与此同时,美军的分布式学习还与其志愿教育计划相结合,后者主要为军队人员提供非工作时间的高中后教育机会,如大学学位课程和职业资格认证。通过这些计划,美军旨在提高士兵的基础文化水平、提供高等教育机会及支持职业发展,这些都是提升部队战备水平和实现军人个人职业发展的重要手段。

1.国防部各职能部门涉及分布式学习的职责

美军分布式学习作为美军训练的一项业务工作,其主管机构仍然是国防部负责部队教育与训练的副助理部长〔DASD(FE&T)〕。而在军种层级,则由相应的军种教育与训练司令部主管,如美国陆军的分布式学习的实施由陆军训练与条令司令部负责。从国防部的层面来看,其各个业务部门的相关职能如下。

(1)负责人事和战备的国防部副部长〔USD(P&R)〕的相关职责

发布实施分布式学习的指示和指南,有权针对分布式学习的开发、管理、提供和评估等方面制定政策。

---

① 李健,付建明.美国陆军组织管理体制:动员、后备与训练[M].北京:航空工业出版社,2016:143.

为国防部长提供关于分布式学习的政策、计划和教育、培训及专业发展指南（包括工作绩效辅助工具）的建议。

积极宣扬国防部长关于所有分布式学习标准化流程的讲话精神。

如有必要，监督国防部第 1322.26 号指令《分布式学习的开发、管理和交付》及相关计划和支持指导的执行情况。

（2）负责战备的助理国防部长［ASD（R）］的相关职责

主要在负责人事和战备的国防部副部长的授权、指导和监督下，担负与分布式学习相关的如下职责。

监督兵役和联合教育训练。制定教育和培训政策，包括涉及分布式学习程序、系统和技术的指南，并监督其执行情况。承担国防教育和军事训练创新的核心职责。

（3）负责人力和后备事务的助理国防部长［ASD（M&RA）］的相关职责

在负责人事和战备的国防部副部长的授权、指导和控制下，承担与分布式学习相关的如下职责。

制定教育和培训政策并监督落实，包括针对民众的分布式学习项目、系统和技术的指导方针。

在民用劳动力的教育和培训方面发挥国防部的创新核心作用。

（4）负责部队教育与训练的副助理部长［DASD（FE&T）］的相关职责

在负责战备的助理国防部长的授权、指导和控制下，承担与分布式学习相关的如下职责。

监督高级分布式学习（ADL）计划的实施。

作为国防部具体实施机构，负责执行分布式学习的政策、计划，推行标准化，制定和推送教育培训的最佳做法和指南。

（5）负责文职人员政策的国防部副助理部长［DASD（CPP）］的相关职责

主要在负责人力和后备事务的助理国防部长的授权、指导和控制下，与负责部队教育和训练的国防部副助理部长协作开展与分布式学习相关的平民教育和培训。

（6）"高级分布式学习倡议"主任的相关职责

在负责部队教育和训练的国防部副助理部长的授权、指导和控制下，承担如下职责。

研究并推荐新兴的分布式学习科学和技术，为国防部和其他联邦机构提供支持。

通过参加国防高级分布式学习咨询委员会（DADLAC）的工作、调研或参与制订国防部各部门批准的需求文件，弥补分布式学习在科学技术方面的能力差距。

对于联合性、各组织机构之间及各国之间关于分布式学习能力的现代化、供给配置、共享的协作实施监督。

更新和扩展当前的学习技术标准及国防部规范，以赋能分布式学习互操作性。

主持国防高级分布式学习咨询委员会工作。

（7）国防部各组成部门领导相关职责

监督国防部第1322.26号指令《分布式学习的开发、管理和交付》及其相关适用于分布式学习的指南性文件的执行情况。

确保遵照国防部记录管理措施做好相关工作。

派出代表参加国防高级分布式学习咨询委员会的工作。

按照国防部的其他相关规定履行职责。

2.国防高级分布式学习咨询委员会组织架构

为了更好地支持分布式学习政策管理、资源信息交换，监管国防部分布式学习的新兴技术工艺，美国国防部设立了国防高级分布式学习咨询委员会。根据2017年发布的国防部第1322.26号指令《分布式学习的开发、管理和交付》文件，其组织架构、职责分别为以下内容。

（1）国防高级分布式学习咨询委员会组织架构

国防高级分布式学习咨询委员会组织成员包括常任成员、其他参与人员和技术支持小组成员。其所有成员、代表都必须是全职或长期兼职的政府雇员，或现役军人。其具体构成如下。

常任成员：主要包括主席、核心成员及其他受邀人员。其中，主席由"高级分布式学习倡议"主任担任。核心成员则由来自各个部门的特定级别的代表组成。通常包括来自联合参谋部联合部队发展处（J7）或联合知识在线、陆军训练与条令司令部、海军陆战队训练与教育司令部、海军教育与训练司令部、空军航空教育与训练司令部、国民警卫局等部门的0~6级（上校）军官或GS-15级文职人员和国防部首席学习官。[①] 其他受邀人员则包括来自国防部各部门负责分布式学习的机构中的0~6级（上校）军官或GS-15级文职人员和负责文职人员相关政策的国防部副助理部长。

其他参与人员：主要包括特定专家和因特定目的受邀的其他人员。其中，特定专家主要包括两类人员：一是由国防部各部门核心成员提名参加国防高级分布式学习咨询委员会会议的特定专家（如首席信息官或文职人员代表）；二是参与国防高级分布式学习咨询委员会技术支持小组（TSGs）及国防高级分布式学习咨询委员会内部工作组而获得临时或常任成员资格的专家。因特定目的受邀的其他人员则是指由主席或核心成员因特定目的推荐的其他人员。

技术支持小组成员：包括来自相关职能部门和学科领域的代表，他们与指定的技术支持小组组长一起工作，技术支持小组的成立或解散由国防高级分布式学习咨询委员会主席决定。

（2）国防高级分布式学习咨询委员会职责

国防高级分布式学习咨询委员会主要承担着5个方面的职责。主要包括：为分布式学习提供政策支持、推动分布式学习协作和资源共享、开发和监控分布式学习技术、指导分布式学习工作、知识共享与反馈等。

为分布式学习提供政策支持：一是政策咨询。主要为美军分布式学习社区提供相关政策和程序的建议，帮助其适应分布式学习环境中不断发展的学习科学和技术变化。二是战略规划支持。即促进美军分布式学习共享规划和战略的创建，确保其符合决策当局的指令，协助各部门对分布式学习研发进

---

① 美国的 General Schedule（GS）是联邦政府文职雇员的一种工资等级和分类系统。GS-15级是这个系统中的一个较高职级。GS-15级的雇员通常承担着相当复杂和具有重要责任的工作任务，往往在其专业领域具有丰富的经验和专业知识。他们可能担任部门主管、高级专家或其他关键职位，负责制定政策、管理项目及为高层决策提供重要智力支持等。

行优先级排序和管理。三是需求整合与建议。即收集国防部各部门分布式学习需求，整合、批准相关建议（如政策、报告等）并提交给决策当局，以确定共同的研发需求。

推动分布式学习协作和资源共享：一是促进内部协作。即促进国防部各部门之间的分布式学习协作，包括关于分布式学习能力现代化、供给、共享等方面的联合协作、各组织机构之间和各国之间的协作等。二是促进资源共享。即推动国防部各部门之间的信息和资源共享，以实现分布式学习投资回报的最大化。如向各部门提出减少重复工作和提高分布式学习重复使用率的建议。

开发和监控分布式学习技术：一是技术监控。即监控分布式学习相关科学技术，以增强利用新兴技术的能力。同时，识别分布式学习的优势和不足，关注新兴技术、标准、规范和教学方法的发展动态。二是研发引导。即识别分布式学习的常见缺陷领域，并向"高级分布式学习倡议"主任推荐研发优先级，以解决相关问题。

指导分布式学习工作：一是能力指导。即在为国防部分布式学习社区提供高质量测量和分析方法、安全准确地记录学习经验数据及各部门运行系统之间交换相关数据等方面提供能力指导。二是标准引领。倡导并建议国防部分布式学习社区采用分布式学习标准和规范、一致的测试方法及考虑与其他涉及部门之间互操作性的影响因素。

知识共享与反馈：一是优秀的实践应用分享。即筛选并分享国防部各部门之间分布式学习的优秀实践应用。二是文件更新建议。即适用文件时，推动国防部相关规范性文件的更新。

三、美国军事职业教育组织领导的运行体制

从美军军事职业教育组织领导架构及各业务部门的职能来看，其组织管理运行是在美军教育训练体系之内展开的，其相关运行体制主要包括美军军事训练宏观领导体制和联合教育领导体制。

（一）美军军事训练宏观领导体制

美军的军事训练由国防部通过参谋长联席会议统一领导。主要分为国防部及参联会、军种部两个层级。军事职业教育工作作为军事训练的一项业务工作，各层级相关职责人员及部门在此领导体制内各司其职。

1. 国防部层级

美国国防部内没有统管全军院校的专业职能部门，主管人事和战备的国防部副部长承担部分教育和训练职责。其他相关人员及部门在其职责范围内在主管人事和战备的国防部副部长的领导下协同组织领导军事职业教育相关工作。其具体职责及业务关系，可参见上文"美军分布式学习组织领导机构"中的相关内容。

2. 军种层级

各军种人力与预备役助理部长负责制定本军种的教育方针；参谋部的一位副参谋长（海军为作战部训练局局长）负责本军种的军事训练工作，制定本军种的训练政策，设定训练标准与要求，监督军事教育训练计划的落实。各军种教育与训练司令部（陆军为训练与条令司令部）负责本军种教育训练的实施、行政事务和后勤保障。

（1）陆军训练与条令司令部

陆军训练与条令司令部内部分工明确。合成兵种中心为陆军职业教育的领导机构，具体领导和监督训练与条令司令部下属的相关机构。为保证领导体制运行顺畅，作训副参谋长下属的训练副参谋长助理具体负责协调包括军事职业教育在内的陆军教育训练工作。其协调的工作内容包括：陆军领导能力培养、陆军院校教育内容、相关人事政策、训练开发、教育训练项目分析和评估等。

（2）海军作战部训练局和教育与训练司令部

海军作战部部长办公厅专设海军训练局，负责监督教育训练政策的落实情况。下设1名副局长和5个处室，作为海军作战部部长和海军训练局局长在教育训练方面的顾问，并进行相关的组织和协调工作。

海军教育与训练司令部为一级司令部，下设2名少将副司令，包括6个训练司令部、9个训练中心和除军种官校外的所有海军院校，负责海军和海军陆战队军官及士兵的教育与训练，指导和支援除作战部队以外的所有海军院校、训练基地和岸基部队的教育训练，以及负责教育训练经费的分配等。

（3）空军教育与训练司令部

空军教育与训练司令部为空军一级司令部，主要负责空军人员的教育和训练相关工作。下辖多个训练联队和空军大学。训练联队分布在不同的基地。每个训练联队都有其特定的训练任务和重点。例如，有的训练联队专注于飞行训练，有的则侧重于技术培训或特定专业领域的教育。空军大学则负责领导和管理空军的院校教育工作。其下设各级各类院校，进行军官任命前教育、任职教育、学历教育、职业继续教育等，为空军提供全谱教育；培训对象从士兵、军官到文职人员；课程设置围绕空天力量的开发、运用和保障，以加强其在国防中的作用。另外，空军大学还承担空天力量、领导能力和管理等领域的科研工作，负责开发和测试空军条令、构想和战略。

（二）联合教育领导体制

美军联合教育的领导体制采取参联会主席负责制。根据美国《戈德华特－尼科尔斯国防部重构法案》规定，参联会主席就联合课程审查和修订向国防部长提供咨询和协助，并制订联合训练政策，为联合专业军官的军事教育提供政策指南。

联合参谋部下设的联合教育局具体负责联合教育的协调和落实，代表参联会主席制定联合教育政策和相关协调政策，确保美军官兵能够掌握必要的知识和技能，能够胜任跨军种、跨机构和跨国环境的联合任务。联合教育局的具体任务如下。

一是课程审查与建议。联合教育局负责审查国防大学各下属联合院校的课程，以确保课程内容符合现代军事发展的需求。通过深入分析课程设置、教学方法和教学资源等方面，向参联会主席和国防部长提出有针对性的建议，为优化军事教育课程提供决策依据。

二是联合教育认证。联合教育认证是保证联合教育质量的关键环节。联合教育局领导所有中高级军事院校的联合教育认证工作，通过严格的评估程序,对联合教育项目进行全面评估。这不仅有助于提高联合教育的水平,还能增强军事院校的竞争力并提高其声誉。

三是组织协调会议。联合教育局组织和协调军事教育协调委员会会议和该委员会工作组会议,为军事教育领域的各方提供交流与合作的平台。通过这些会议,各方可以分享经验、探讨问题、制定政策,共同推动联合军事教育的发展。

四是法律监督与咨询。联合教育局监督与联合教育有关的法律执行情况,确保军事院校在法律框架内开展教育活动。同时,就制定与联合教育有关的法律向参联会主席提供咨询和建议,为完善军事教育法律体系贡献力量。

五是训练转型与教育发展。联合教育局负责训练转型工作中有关联合教育的部分,积极推动联合教育课程体系建设。通过制定联合教育发展战略和政策建议,引领军事教育的发展方向,为培养适应未来战争需求的军事人才奠定基础。

第二节 俄罗斯军事职业教育的组织领导

当今世界,军事力量的竞争日益激烈,各国都在不断探索和完善军事教育体系,以培养适应现代战争变化的高素质军事人才。俄罗斯作为世界军事强国之一,其军事职业教育组织领导体系具有独特的优势。深入研究俄罗斯军事职业教育的组织领导体系,对于了解俄罗斯军事力量的发展、借鉴其成功经验、推动我国军事职业教育的改革与发展具有重要的现实意义。

一、俄罗斯军事职业教育组织领导的顶层架构

在俄罗斯军事训练的语境里,军事职业教育是贯穿于军人职业生涯全程的、连贯的教育体系。其目的是保证军人的职业知识、技能和经验不断地得到更新。因此,俄罗斯军事职业教育的范畴,不仅包含院校教育,也包括院

校后的教育、在职培训和继续教育等概念。而这些业务工作的组织领导顶层架构实质上就是俄罗斯军事职业教育组织领导体系架构。其涉及军事职业教育业务的组织管理的顶层架构大致可以分为3个层面。

（一）联邦层面的领导机构

俄罗斯军队实行的是国防部统一领导、军兵种和部门分口管理的领导管理体制。在军事职业教育领域也是由国防部实施总体领导，各军兵种主管首长和各职能部门在各自的业务范围内对相应层级军事职业教育实施直接领导与管理。同时，俄罗斯军事职业教育还要遵循国家教育行政部门制定的国家统一教育标准。[①]因此，在国家层面，国防部集中领导，并会同教育与科学部共同领导军事职业教育工作。

1.国防部

俄罗斯国防部负责组织俄罗斯整个军事职业教育体系运转和体系优化，在军事职业教育领域负责制定军事教育政策、规划军事教育发展、管理军事教育经费等。

国防部下设军事教育总局，其具体负责军事职业教育的组织实施和管理工作。

同时，国防部下属的各个总局和中央局、联邦武装力量各军兵种则在其相应的业务领域内负责直接组织、保障和监督所属军事职业工作。

2.教育与科学部

俄罗斯教育与科学部在军事职业教育中也发挥着重要作用。教育部与国防部密切合作，共同制定军事教育标准、审核军事教育课程、评估军事教育质量等。

（二）教育组织层面的架构

俄罗斯军事职业教育的具体组织工作则由各级军事院校及军事教育中心负责。

---

① 侯瑞东，李可心.中外军事职业教育比较研究[M].北京：国防大学出版社，2016：57.

1. 军事院校

俄罗斯的军事院校是军事职业教育的主要实施机构,分为高等军事院校、中等军事院校和初级军事院校 3 个层次。根据俄罗斯军队"两段三级"的人才培养体制,[1]军事专科学院主要负责初级军官的培训与进修;各军事学院和军事大学主要负责中级军官的晋职前培训与进修;总参军事学院负责高级军官的晋职前培训和进修。

2. 军事教育中心

在联邦主体的教育组织中设立的军事教育中心,负责组织和实施军事训练、实践教学等活动。军事教育中心与军事院校相互配合,为学员提供多样化的教育资源和实践机会。

(三)各军兵种部队层面的领导机构

各大军区(舰队)一级的军事管理机关,负责保障和监督部署在本辖区(军区或舰队)内的各军事院校的活动。

国防部所属的俄罗斯联邦武装力量各军种、独立兵种、军区一级的军事管理机关,负责保障和监督部署在本辖区(军区或舰队)内的军事职业教育活动,其通常下设军事教育总局(或军事教育方向局),在主管首长的领导下,对所属的军事职业教育工作实施领导管理。[2]

内卫部队、联邦安全总局、联邦警卫总局所属部队、民防部队等不由国防部领导的其他武装力量和武装部门的军事职业教育工作,在业务上依然接受国防部的指导,执行由国防部牵头制定的统一的军事教育政策和统一的军事职业教育方针。在对下属院校的直接领导与管理方面,院校数量较多的部队(如内卫部队、边防部队)在其领导机关内设有军事教育部门;而仅有一两所院校的部队则不设军事教育部门,相应的军事职业教育和院校工作由上级领导机关主管干部工作的首长直接领导。

---

[1] "两段"即生长军官的任职培训和现职军官的进修深造分两个阶段进行,"三级"即军官培训分初、中、高 3 个等级进行。

[2] 侯瑞东,李可心. 中外军事职业教育比较研究 [M]. 北京:国防大学出版社,2016:62.

二、俄罗斯军事职业教育相关职能部门及其职责

在梳理俄罗斯军事职业教育组织领导顶层架构的基础上，可将俄罗斯军事职业教育相关职能部门及其职责总结如下。需要强调的是，这些职能部门并不是专门的军事职业教育管理部门，各职能部门在整个军事教育体系之内，在自身的业务领域之内负责军事职业教育的相关组织领导工作。

（一）国防部相关职能部门

1.军事教育总局

军事教育总局是俄罗斯国防部负责军事职业教育的核心部门，其主要职责包括制定军事教育政策和规划、管理军事教育经费、组织军事教育评估、协调军事教育资源等。

2.各军种总局

各军种总局负责本军种的军事职业教育工作，制订本军种的教育计划和训练大纲，管理本军种的军事院校和训练基地，培养本军种的军官和士兵。

（二）教育与科学部相关职能部门

1.高等教育司

高等教育司负责审核军事院校的办学资质和教学质量，制定军事教育标准和课程体系，协调军事院校与普通高校的合作与交流。

2.职业教育司

职业教育司负责管理军事职业教育的中等和初级层次，制订中等和初级军事职业教育的教学计划和训练大纲，管理中等和初级军事职业教育院校。

（三）军事院校

俄罗斯军事院校通常采取院（校）长负责制，院（校）长总体领导所属院校包括军事职业教育在内的各项工作。各军事院校通常设第一副院（校）长一名，还可根据本院校的实际情况，分别设立负责教学、科研、干部、思

想教育工作和后勤业务的副院（校）长及总工程师等职务。以上人员通常在其业务职责范围内负责本院校的军事职业教育相关工作。

俄罗斯军事院校的内设机构通常包括：训练部（处）、科研部（处）、物质保障部（处）、干部处、总务处等。同时，还设有院（校）务委员会、学术委员会、学位委员会等一些跨部门机构。其涉及军事职业教育的部门及具体职责如下。

院（校）务委员会是院校的最高决策机构，直属院（校）长领导，负责审核涉及军事职业教育的教学大纲、教学计划和教材，指导院校开展训练、科研和教学工作，审查论文，决定干部培训和学位授予等重要工作。

训练部（处）负责院校的教学管理工作，具体负责制订与军事职业教育相关的教学计划、安排教学任务、组织教学评估等。

其他各部门在各自的业务范围内，具体负责与军事职业教育相关的人力资源管理、后勤保障等工作。

（四）军事教育中心

俄罗斯军事教育中心体系结构较为多元，主要包括4个不同类型的教育中心。不同类型的军事教育中心具体职责也有所不同。

1.军事教学科研中心

军事教学科研中心是俄军在改革后依托陆海空三军原有的军事院校新建的复合式院校。陆海空三军各一所。其中包括：依托武装力量合成军队学院建立的陆军军事教学科研中心、依托茹科夫斯基和加加林空军学院建立的空军军事教学科研中心和依托库兹涅佐夫海军学院建立的海军军事教学科研中心。

军事教学科研中心的主要职责包括：一是开展军事科学研究，作为本军种领域的主要科研机构，探索军事理论、战略战术、武器装备运用等方面的新发展，为军队建设和作战提供理论支持。二是实施各级军官及教研和科研干部的培训、复训和进修工作，根据不同层级军官的发展需求制订教学计划和课程，提升军官的专业素养和指挥能力。三是整合教育资源和科研力量，促进各军事院校之间及院校与部队之间的交流与合作，推动军事教育和科研水平的整体提升。

2.高校中的军事教学中心

高校中的军事教学中心分布在俄罗斯多所国立大学中,如阿斯特拉罕国立大学、远东国立大学、秋明国立大学等高校均设有此类中心。

其主要职责体现在两个方面。一是在人才培养方面的职责。主要负责培养预备役、列兵、预备役军士和职业军官。一方面为预备役人员提供军事理论和技能的培训,确保在需要时能够迅速投入战斗;另一方面为有志于从事军事职业的人员提供专业的教育和训练,为军队输送合格的职业军官。二是在国防教育方面的职责。承担着军事教育的普及和宣传工作,以增强大学生的国防意识和爱国精神。通过开设军事课程、举办军事讲座和军事训练活动等方式,让大学生了解国防建设的重要性,培养他们的爱国主义情怀和集体荣誉感。

3.少年军校

少年军校是俄罗斯军事教育体系中专门培养未来军官和国家军事精英的少年教育机构,同时承担国防教育任务(如苏沃洛夫军事学校等)。俄罗斯联邦所属的少年军校有一部分隶属于国防部,还有一部分隶属于内务部。

其主要职责为:一是教育培养职责。为青少年提供早期的军事教育和培训,帮助他们树立正确的价值观,培养爱国主义精神和纪律意识。在课程设置上,既包括普通的文化课程,以确保学生具备扎实的文化基础,又有军事相关的课程,如队列、体能、武器操作、战术基础等,以培养学生的军事技能和素养。二是人才输送职责。少年军校为俄罗斯军事院校输送了大量的优质生源,是俄罗斯军事人才培养体系的重要基础,为俄罗斯军队的长远发展储备了大量人才。

4.军事爱国主义教育中心

军事爱国主义教育中心是对民众尤其是青少年进行军事爱国主义教育的专门机构,如"爱国者"军事爱国主义教育中心等。

其主要职责为:一是思想政治教育职责。通过举办各种活动、展览、培训等,培养民众的爱国主义情感和对军队的认同感,增强民族凝聚力。例如,组织军事历史展览、英雄事迹宣讲会、军事主题的夏令营和冬令营等活动,让民众深入了解俄罗斯的军事历史和文化,激发他们的爱国热情。二是宣传引导职责。为军事院校的招生和人才选拔提供良好的宣传平台,吸引更多优秀的年轻人投身军队,确保军队能够不断吸收新鲜血液,保持强大的战斗力。

三、俄罗斯军事职业教育组织领导的运行体制

俄罗斯军事职业教育组织领导主要依托其军事教育体系运行,其具体运行体制也取决于整个军事教育体系。主要体现在以下几个方面。

(一)军地合作的决策机制

俄罗斯军事职业教育的军地合作决策机制主要体现在两个方面。

一是由国防部负责最终决策。国防部在俄罗斯军事职业教育中具有最高决策权,负责制定与之相关的军事教育政策、规划军事教育发展、审批重大教育项目等。国防部的决策过程通常需充分的调研和论证,并广泛征求各方面的意见和建议。

二是教育与科学部参与决策。教育与科学部在军事职业教育决策中也发挥着重要作用。教育与科学部与国防部密切合作,共同制定军事教育标准、审核军事教育课程、评估军事教育质量等。教育与科学部参与决策确保了军事职业教育与国家教育体系的衔接和协调。

(二)多元主体的执行机制

俄罗斯军事职业教育的具体执行机构,主要包括军事院校和军事教育中心。

军事院校是俄罗斯军事职业教育的主要执行机构,负责按照国防部和教育与科学部的要求,组织实施教学计划、开展教学活动、培养军事人才。军事院校在执行过程中注重教学质量和效果,加强对受训人员的管理和考核,确保其能够掌握扎实的军事知识和技能,具备胜任不同层次的军事职业岗位的能力。

军事教育中心在俄罗斯联邦主体的教育组织中负责组织和实施军事训练、实践教学等活动。军事教育中心在执行过程中注重与军事院校的配合和

协调，为学生提供多样化的教育资源和实践机会。

（三）"领导+执行"的协调机制

俄罗斯军事职业教育协调机制主要体现在决策领导和具体执行两个层级。

一是领导层级，即国防部和教育与科学部的协调。国防部和教育与科学部在俄罗斯军事职业教育中密切合作，共同制定政策、规划发展、管理经费等。双方通过定期召开会议、联合调研等方式，加强沟通和协调，确保军事职业教育的顺利开展。

二是执行层级，即军事院校与部队的协调。军事院校与部队在俄罗斯军事职业教育中也保持着密切的联系。军事院校为部队培养军事人才，部队为军事院校提供实践教学基地和实习机会。双方通过联合训练、交流互访等方式，加强协调和配合，提高军事人才的培养质量。

（四）"内外结合"的评估机制

在强化军事职业教育具体职能单位内部的评估机制的同时，俄罗斯还基于军事职业教育融入国民教育体系的现实背景，构建了军民融合的外部评估机制。

一是军事职业教育执行部门的内部评估。俄罗斯军事院校和军事教育中心内部建立了完善的教学评估机制，定期对教学质量、教学效果、学生管理等方面进行评估。内部评估结果将作为改进教学工作、提高教学质量的重要依据。

二是军民融合的外部评估。国防部和教育部定期对军事院校和军事教育中心进行外部评估，评估内容包括办学资质、教学质量、师资队伍、教学设施等。外部评估结果作为对军事院校和军事教育中心进行考核和奖惩的重要依据。

第三节　日本、法国军事职业教育的组织领导

一、日本军事职业教育的组织领导

日本作为一个具有重要地缘政治地位的国家，其军事职业教育的组织领导在不断发展与演变中形成了独特的体系。日本军事职业教育主要依托其军事教育体系实施，认识日本军事职业教育的组织领导，可以从其军事教育的组织管理体系入手。

（一）日本军事教育顶层领导体制

日本军事教育顶层领导是基于日本国家和自卫队全军层面对军事教育工作的决策、计划、指导、监督活动。目前，日本军事教育的顶层领导架构已经形成"防卫省管总、联参军种分工"的两级模式。即防卫省是军事教育的最高领导机关，下属的联合参谋部和军种参谋部负责所属的军事教育的领导工作。各机构的具体职责如下。

1.防卫省

防卫省是日本最高军事指挥和行政领导管理机构，在军事职业教育中起着核心的统领作用。防卫省统管全军教育训练工作，下设教育训练局。教育训练局中的教育课负责院校训练及相关大学教育训练，涵盖了从军事理论到实践技能等多个方面的教育内容。此外，卫生课还兼管防卫医科大学，确保军事医学教育的顺利开展。

例如，在军事理论教育方面，防卫省教育训练局为教育课制定统一的教学大纲和课程标准，为各院校提供指导。同时，通过组织专家学者进行研究和研讨，不断更新教学内容，使其与国际军事发展趋势相适应。在实践技能培训方面，积极协调各军种和部队，为学员提供实习和实训的机会，提高学员的实际操作能力。

2.联合参谋部

联合参谋部负责各军种联合教育。联合参谋部下设相关参谋室,如第一参谋室兼管联合参谋学校,第三参谋室下设教育训练调整官和教育训练班,承担制定与调整合同训练计划的任务。联合参谋学校作为培养高级军事指挥人才的重要机构,通过开展跨军种的教育和培训,提高学员的联合作战意识和能力。教育训练计划人员和教育训练班则根据实际情况,对联合训练计划进行动态调整,确保训练的针对性和实效性。例如,在应对突发的地区安全危机时,能够迅速调整训练计划,加强相关军种的协同作战训练,提高部队的应急反应能力。

3.军种参谋部

军种参谋部包括陆上自卫队参谋部、海上自卫队参谋部和航空自卫队参谋部,各在本军种内领导军事职业教育工作。其中陆上自卫队参谋部教育训练部教育课负责制订陆军院校训练计划,统一调整陆军教育训练计划,制订训练器材分配计划。海上自卫队参谋部人事教育部教育课拟定年度教育训练计划,分管教育训练器材配备与改善及教范等教育训练资料修订工作。航空自卫队参谋部人事教育部教育课拟定空军教育训练计划,统管院校及教导部队的教育训练工作。

同时,各军种参谋部还积极开展科研和创新活动,推动军事技术的发展,为军事职业教育提供先进的教学内容和方法。

(二)日本军事院校领导体制

日本军事院校领导体制指防卫省等上级部门对军事院校的领导体制。

1.隶属关系

日本各类军事学校根据其任务职能分别隶属于防卫省、联合参谋部、军种参谋部,由防卫省有关机关和各军种参谋部教育训练部门领导管理。其中,防卫大学、防卫医科大学和防卫研究所隶属于防卫省,由防卫省直接领导管理。[①]防卫厅人事教育局制订教育方针、教学计划和课程设置方案,确

---

① 防衛省·自衛隊:わが国の防衛組織(mod.go.jp)。

保学校的教育质量和培养目标与国家的军事战略需求相一致。联合参谋学院隶属于联合参谋部。各军种职能院校则由各军种参谋部教育训练部门负责管理，根据军种的特点和任务需求，制订具体的教学内容和训练计划。

2.职责分工

防卫省人事教育局制订三军自卫队教育方针、教学计划、课程设置方案和培养目标，重点抓精神教育（思想政治教育），领导管理防卫研究所、防卫大学和防卫医科大学。思想政治教育在军事职业教育中具有重要地位，它培养学员的爱国主义精神、忠诚意识和军人职业道德。防卫省人事教育局通过开展各种形式的思想政治教育活动，如讲座、研讨会、实地考察等，引导学员树立正确的世界观和价值观。

例如，组织学员参观历史遗迹和战争纪念馆，让他们深刻了解日本的历史和战争教训。同时，加强对学员的纪律教育和作风培养，提高学员的组织纪律性和执行力。

各军种教育训练部门主要负责制订所属学校的教学计划和调研计划，制订教育目标和学员培养计划，监修教材、教范和分配教育经费。各军种教育训练部门根据部队的实际需求和未来发展趋势，通过深入研究军事理论和实践问题，不断改进教学方法和手段，提高教学质量。例如，海上自卫队参谋部人事教育部教育课在制订教学计划时，充分考虑到海上作战的特点和需求，加强对航海技术、舰艇操作、海战战术等知识的教学。同时，积极与科研机构和企业合作，引进先进的教学设备和技术，提高教学效果。在教材和教案的监修方面，严格把关，确保教材内容的准确性、权威性和实用性。

3.监督检查机制

自卫队统帅机关主要通过向院校派出检查团检查工作落实情况。总部机关每2～3年对各校进行一次全面检查，检查团根据校长级别由不同人员带队，检查内容涵盖教学、财务、设备等多个方面，检查后公布报告，校长需在半年内向上级报告检查团所提的改进意见和相应落实情况。此外，总部机关还经常派出有关人员到各学校联系和指导工作，同时各学校每季度必须向上级报告一次工作情况。

这种监督检查机制确保了院校教育的规范运行和教学质量的不断提高。检查团的全面检查能够及时发现学校在教学、管理等方面存在的问题，并提出针对性的改进意见。校长的报告制度则促使学校认真落实改进措施，提高学校的管理水平和教学质量。总部机关的指导和联系工作及学校的季度报告制度，加强了上下级之间的沟通和交流，使上级能够及时了解学校的工作动态，为决策提供依据。

（三）日本军事院校内部管理体制

日本军事院校实行校长负责制，各院校通常设校长1名，副校长2名。下设三部一队，即教育部、总务部、研究部和学员大队，分别构成教学系统、行政管理系统和科研系统。

校长作为学校的最高领导，全面负责学校的教学、科研和行政管理工作。副校长协助校长工作，分管不同的部门。教育部负责教学工作的组织和实施，制订教学计划、安排课程、组织教学活动。总务部负责学校的后勤保障和行政管理工作，包括财务管理、物资采购、设施维护等。研究部开展军事科研活动，为教学和部队建设提供理论支持。学员大队负责学员的日常管理和思想政治教育工作。

例如，在教学工作中，教育部根据教学计划和课程设置，组织教师进行备课、授课并进行考核。同时，积极开展教学改革和创新活动，引入先进的教学方法和手段，提高教学质量。在科研工作中，研究部组织教师和学员开展军事科研项目研究，加强与部队和科研机构的合作，推动军事技术的发展。在学员管理方面，学员大队严格执行军事纪律，加强对学员的思想政治教育和作风培养，提高学员的综合素质。

院校的后勤管理一般由总务部负责，但不设后勤生活保障机构和人员，而是将后勤保障事务承包给地方有关企业，实行社会化管理。例如，院校食堂由职工运营，服务态度好且效率高，价格比社会上低1/3，部分学校的主要设施还可共享。

二、法国军事职业教育的组织领导

法国军事职业教育体系完备,分为院校教育和在职培训两大体系,在军人职业教育方面发挥着重要作用。其军事职业教育组织领导体系独具特色,在培养高素质军事人才、提升国家军事实力方面发挥着重要作用。

(一)法国军事职业教育组织领导的顶层架构

法国军事职业教育组织领导的顶层架构呈现出层级分明、分工明确的特点,为军事职业教育的高效开展提供了坚实的组织保障。

1.三军总参谋部高等军事教育局

三军总参谋部高等军事教育局在法国军事职业教育体系中占据着重要地位。它负责领导除高等国防研究院外的高级军事院校的业务工作。其主要职责包括制定教育政策、规划课程设置、监督教学质量等。通过对高级军事院校的业务领导,确保这些院校能够培养出具备卓越军事素养和领导才能的高级军事人才。

2.总理府国防总秘书处

总理府国防总秘书处对高等国防研究院行使特定的领导权。高等国防研究院作为法国军事职业教育的顶尖机构,致力于培养国家军事战略层面的高端人才。总理府国防总秘书处为其制定宏观发展战略,明确研究方向,使其紧密围绕国家军事战略目标和安全需求开展教学与科研活动。同时,在资源分配方面给予其有力支持,保障高等国防研究院拥有充足的资金、先进的设备和优秀的师资。

3.各军种参谋部

陆、海、空三军参谋部分别对本军种的院校进行全面管理。各军种参谋部根据本军种的特点和需求,制订招生计划、确定教学大纲,确保培养出符合本军种作战任务和发展要求的军事人才。此外,各军种参谋部还通过下设相关机构,进一步加强对初、中级军事院校及特定类型院校的领导和管理。

（二）法国军事职业教育相关职能部门及其职责

1.三军总参谋部高等军事教育局

三军总参谋部高等军事教育局的主要职责如下。

一是制定教育政策。三军部参谋部高等军事教育局负责制定法国军事职业教育的总体政策。这包括确定招生标准、选拔程序、培养目标等方面的政策。

二是规划课程设置。三军总参谋部高等军事教育局根据现代战争的需求和军事技术的发展，规划高级军事院校的课程设置。课程涵盖军事理论、战略战术、领导能力、科技应用等多个方面。

三是监督教学质量。三军总参谋部高等军事教育局负责建立健全教学质量监督体系，对高级军事院校的教学过程和教学效果进行严格监督。定期邀请专家学者、一线军官等对教学质量进行评估。根据评估结果，及时提出改进建议，督促院校不断提高教学质量。

2.总理府国防总秘书处

总理府国防总秘书处的主要职责包括以下两个方面。

一是战略规划指导。总理府国防总秘书处为高等国防研究院制定国家层面的军事战略规划指导。根据国际形势的变化和国家安全的需求，确定高等国防研究院的研究重点和发展方向。例如，在国际局势紧张、地区冲突不断的时期，指导高等国防研究院加强对战略威慑、危机管理、军事外交等领域的研究，为国家制定应对策略提供智力支持。

二是资源分配保障。在资源分配方面，总理府国防总秘书处确保高等国防研究院能够获得充足的资金、设备和人才支持。通过合理分配国家财政预算，为高等国防研究院提供稳定的资金来源，用于科研项目的开展、教学设施的建设和师资队伍的培养。同时，协调各部门为高等国防研究院提供先进的军事装备和技术支持，使其能够紧跟世界军事技术发展的步伐。

3.各军种参谋部

各军种参谋部为本军种内具体军事职业教育机构的领导机构，其主要职责如下。

一是制订招生计划。各军种参谋部根据本军种的人员需求结构、未来发展战略及现有兵力状况,制订详细的招生计划。合理确定各军种所属院校的招生专业和人数。在招生标准方面,除基本的身体素质和文化水平要求外,还会根据不同专业的特点,设定相应的特殊要求。

二是确定教学大纲。各军种参谋部深入研究本军种的作战任务、作战环境及军事技术发展趋势,以此为依据确定本军种院校的教学大纲。

三是监督院校管理。各军种参谋部对本军种院校进行全面管理和监督。包括院校的日常行政管理、教学组织、师资队伍建设、学员管理等方面。定期对院校进行检查评估,确保院校按照既定的教学大纲和培养目标开展教学活动,不断提高教学质量和人才培养水平。

(三)法国军事院校的管理体制

法国军事职业教育组织领导体系中最具特色的就是军事院校管理体制。与其他国家不同,法国各级院校的内部管理存在着两种不同的体制。一是"统分结合"的领导院校管理体制,主要在高级院校、初级进修院校和基础军事院校中施行。二是"集合统一"的领导管理体制,主要在科埃基当军校群中施行。[①]

1."统分结合"的领导院校管理体制

(1)高级院校

以高等国防研究院为例,设有教务部、研究部、地区活动指导部和学术交流部4个部门。

教务部负责制订教学计划,组织和领导教学活动,下设军事处、外交处、普通民事处、经济处、科学技术处5个处室。

研究部负责指导和协调教学科研工作。

地区活动指导部负责协调学院与所在防区领导机关的关系。

学术交流部负责组织并参与所在地区军队及地方院校学会的学术研究及教学交流活动。

---

① 侯瑞东,李可心.中外军事职业教育比较研究[M].北京:国防大学出版社,2016:103-104.

(2)初级进修院校

以法国陆军高级指挥学校为代表,设校长(中将)、副校长(少将)各一名,设有教务部和参谋部,还有资料中心和图书馆。

教务部是学校最重要的教学组织机构,设教育长和副教育长各1名。教育长通常由资深的上校军官担任,副教育长一般由上校或中校军官担任。下设组织规划处、作战教研室、一般教研室和室外作业教研室。组织规划处负责教学的规划和组织工作,包括制订教学计划、进行教学指导、组织教学经验交流、安排参观学习、提出教学器材采购和管理计划及建议等。作战教研室负责军事战略和战役等作战教育。一般教研室主要对学员进行普通军事知识教育和其他知识教育,包括国防政策教育、信息技术教育、军史和战例教育等。室外作业教研室则主管野外作业和演练的组织实施。

参谋部由1名上校军官担任参谋长。设参谋长办公室和招生处、总务处。参谋长办公室主要负责日常事务、对外联络和秘书工作。招生处主管学员的选拔、考核、呈报和录取等事宜。总务处承担与教学保障有关的行政管理和勤务等具体事务性工作。

(3)基础军事院校

法国基础军事院校一般设有参谋部、训练部和后勤部3个机构。其中,参谋部负责学校的人事、公共关系和财政工作,下设人事、公关、财务、福利和安保等部门。训练部负责组织和协调学校的教学活动,下设组织、教务、考核和体育等部门。后勤部负责学校的后勤保障工作,下设行政管理、技术保障和医疗等部门。

2."集合统一"的领导管理体制

为统一协调与衔接教育训练,实现办学风格的统一,法国同驻一地的同类院校集合形成军校群,实施统一管理。法国陆军的科埃基当军校群集中了3所院校(圣西尔军校、诸兵种军事学校、行政技术军事学校),构建了军校群的组织领导体制。

科埃基当军校群隶属于陆军训练司令部。军校群设正、副校长各一名,全面负责军校群的训练工作。校长为少将军衔,副校长为准将军衔。下设有参谋部、军事训练部、教学研究部和学员培训部,另外设有一个配合和保障教学的勤务团。

参谋部的参谋长为上校军衔。参谋部下设行政处、人事处和财务处等。

军事训练部部长由副校长兼任，下设军事训练和战术研究教研室、体育训练教研室、教学大纲室、研究考评处等。

教学研究部由一名文职教授任部长，下设人文和社会科学、自然科学、语言学、经济学等专业教研室和总研究室，还有教学大纲、行政、图书馆等教学保障部门。

学员培训部部长为上校军衔，统一负责所有学员管理工作。根据学员的来源，分4个部分进行编队。

圣西尔军校的学员为一部，按年级分成3个学员营，每个营又按其专业分为若干个队。

诸兵种军事学校分为二、三两个部，按照年级将两个部的学员分成两个学员大队，大队内再按专业分成几个学员队。

行政技术军事学校学制只有一年，每年招生50人左右，只编成一个学员队，该队为四部，队内分成几个班。

第四节　英联邦国家军事职业教育的组织领导

英联邦是由英国及其前殖民地或保护国组成的一个国际组织，包括56个独立主权国家（包括附属国）。从历史渊源来看，英联邦国家的军队多源于英国殖民军队，其军事体制具有一定的相似性。为便于研究，可将研究对象进行归类分析。在此，重点介绍英国、印度的军事职业教育组织领导。

一、英国军事职业教育的组织领导

英国作为其他英联邦国家的前宗主国，其军事体制在英联邦国家中具有很强的标杆和示范作用。在军事职业教育领域也是如此。研究英联邦国家军事职业教育的组织领导,首先要追溯其渊源,梳理英国军事职业教育的组织领导。在此共性基础上,认识其他具有代表性的英联邦国家的军事职业教育的组织领导特色。

(一)英国军事职业教育的组织领导顶层架构

英国军事职业教育的组织领导架构是基于其国防管理体制而搭建的。其组织领导顶层架构可以分为3个层级。

第一个层级为国防部及所属相关业务部门。其中,国防部是军事职业教育的最高决策领导机构。其内设的国防人员培训、教育和技能局具体负责军事职业教育的相关业务工作。其他内设的国防部各专业部门在其业务领域内负责军事职业教育的相关事宜。

第二个层级为战略司令部(原联合部队司令部)和各军种司令部。分别负责联合训练和军种训练中的军事职业教育领导工作。

第三个层级为军事职业教育的执行机构。主要包括各军事院校、各训练机构等。它们具体负责军事教育的实施。

(二)英国军事职业教育相关职能部门设置及其职责

英国军事职业教育相关职能部门及其具体职责如下。

1. 国防部

国防部是英国军事职业教育组织领导的最高层,负责制定战略方向和总体政策。其具体职责主要包括以下几个方面。

一是战略决策。确定国防战略和军事职业教育的地位和作用,为教育活动提供宏观指导。

二是政策制定。制定与国防培训、教育相关的总体政策框架,明确目标、原则和方向。

三是资源分配。统筹分配国防教育所需的人力、物力和财力资源,确保各项教育活动有足够的支持。

2. 国防人员培训、教育和技能局(TESRR)

国防人员培训、教育和技能局是国防部内部专门负责培训、教育相关事务的核心机构。其职责如下。

一是政策细化与执行监督。根据国防部高层制定的总体政策,细化军事职业教育的具体政策和指导方针,确保政策的可操作性。监督各部门对军事职业教育政策的执行情况,及时发现和解决执行过程中出现的问题。

二是教育规划与协调。制订军事职业教育的长期规划和短期计划,协调各军种和部门之间的教育活动,避免重复和冲突。促进不同军种和部门之间在教育资源、师资队伍等方面的共享和合作。

三是质量控制与评估。建立军事职业教育的质量标准和评估体系,对教育机构和教育项目进行定期评估。根据评估结果提出改进建议,推动教育质量的持续提升。

3. 战略司令部[①]

战略司令部原为联合部队司令部,隶属于国防部。主要负责组织、领导联合教育训练中的军事职业教育方面的工作。其内设的综合设计部门具体负责联合军事职业教育相关业务。具体职责如下。

一是确定联合教育需求。分析联合军事行动对人员技能和知识的需求,确定联合培训和教育的重点与目标。

二是制定联合训练需求(JTRs)和相关标准,确保各军种人员在联合行动方面具备必要的能力。

三是组织实施联合教育。组织和协调各军种参与联合培训和教育活动,包括安排课程、调配师资、确定培训时间和地点等。解决联合教育过程中出现的跨军种协调问题,确保教育活动的顺利进行。

四是进行联合教育评估与反馈。对联合教育和培训的效果进行评估,收集各军种的反馈意见,为后续教育活动的改进提供依据。根据评估结果调整联合教育的内容和方式,提高联合教育的针对性和实效性。

4. 各军种司令部

英国军种司令部主要包括皇家海军司令部、英国陆军司令部和皇家空军

---

① https://www.gov.uk/government/organisations/strategic-command/about。

司令部。它们负责本军种内部的军事职业教育工作的组织和领导。其涉及军事职业教育的职责如下。

一是制定本军种职业教育规划。根据国防部和战略司令部的要求,结合本军种的特点和任务需求,制定本军种的军事职业教育规划。确定本军种教育的重点领域、课程设置和培训方法,确保教育内容与本军种任务紧密结合。

二是管理本军种内部的教育资源,包括教育设施、师资队伍、教材教具等。合理分配教育资源,确保各单位和人员能够获得必要的教育支持。

三是实施与监督教育活动。组织实施本军种的军事职业教育活动,包括新兵培训、在职人员继续教育等。监督本军种教育活动的实施过程,确保教育质量和效果符合要求。

5. 军事职业教育执行机构

军事职业教育执行机构主要指各军事院校和训练机构(包括各级的培训中心、培训学校等),它们是军事职业教育的具体实施单位。这些院校或训练机构分属于国防部或各军种,它们根据各自的培训计划、标准,分别培训初级、中级、高级军事人员,形成了专业划分合理且初、中、高三级配套的军事职业教育体系。

6. 国防部各专业部门

国防部的其他专业部门包括卫生部门、安全部门、技术部门等,它们从专业角度为军事职业教育提供支持和指导。主要负责在各自专业领域内,根据本专业领域的知识和技能要求,设计相关的专业课程和培训内容,如卫生部门设计医疗急救课程,安全部门设计安全防范课程等。同时,为培训执行机构和学员提供专业方面的指导和咨询服务,解答专业问题,确保专业教育的准确性和实用性。制定本专业领域教育的标准和规范,对培训执行机构的专业教育活动进行监督和检查。同时,根据专业发展和国防需求的变化,及时更新专业教育的标准和内容。

(三)英国军事职业教育组织领导运行体制

英国军事职业教育的组织领导主要体现在领导体制和军事院校的内部管理体制上。

1.军事职业教育领导体制

英军军事职业教育领导体制遵循"顶层领导、分层负责、部门执行、军民融合"的原则。军事职业教育则由国防部设立的国防人员培训、教育和技能局进行顶层领导,国防部、战略司令部与各军种相关部门自行负责并分级管理。同时,国防教育局不仅要制定英军国防教育和训练的总体战略与具体政策、改革国防教育与训练体制,还要在促进英军院校和地方教育机构合作方面充当纽带,从制度层面保障英军院校专注于职业教育,军官的学历教育则依托地方院校来完成。[①]

2.军事院校内部管理体制

英军院校实行院(校)长负责制。院校通常设有院(校)长、副院(校)长各一名,负责院校整体发展方向规划、资源调配等重大事务决策。院校内职能部门因院校不同而各异。但通常包括教务、后勤、学员管理等部门。

例如,桑赫斯特皇家军事学院设有院长一名,副院长一名,副院长负责协助院长完成教学计划的制订和教学的组织领导工作。除此以外,还设有教务处长,具体负责教学的协调和管理工作。

联合指挥与参谋学院设院长(少将)一名,负责全院工作。副院长一名,院长助理3名(陆、海、空三军各一名),军衔均为准将,他们分工负责每个军种相关课程。另设学术指导教师管理岗位一个,由具有教授职称的教师担任,具体负责学术指导教师的管理。学术指导教师为文职人员。每门课程设一个系(高级指挥与参谋课程由于学员多、学制长,设4个系),每个系设上校级主任一名、主任助理一名及10名左右的军事指导教师(中校军衔)。

二、印度军事职业教育的组织领导

根据印度对军事教育训练的区分,军事职业教育属于个人训练的内容。军事职业教育作为印度军人个人训练的重要组成部分被纳入印军个人训练体系中进行管理。而根据其领导层级和主体不同,又可区分为联合军事职业教

---

① 侯瑞东,李可心.中外军事职业教育比较研究[M].北京:国防大学出版社,2016:90.

育和军种职业教育。总体而言,印度军事职业教育组织领导可以分为3个层面。

(一)国防部

在印度高级国防管理体系中,国防部是印度政府主管军事事务的最高权力机关。对军事职业教育的战略方向和政策制定起着关键作用。国防部负责统筹规划军队建设和发展的各项事宜,包括确定军事职业教育的总体目标和发展方向,根据国家安全战略和军事需求,制定相关政策和法规,以指导军事职业教育的开展。例如,国防部会根据国际军事形势的变化及印度自身的安全战略考量,决定是否加强对某些特定领域(如信息化战争、特种作战等)的军事职业教育投入,以及如何调整教育政策以适应新的战争形态和作战需求。

涉及军事训练的具体事务工作,由国防部内设的国防局和国防军事事务局在其业务范围内主管。其中,隶属国防局的主管训练和行政的联合秘书及其办公室主管国防部的军事训练工作。

(二)联合训练层面

印度联合训练则由国防部通过联合国防参谋部进行领导。联合国防参谋部内设联合训练委员会,具体负责联合训练工作。由联合国防参谋部直接管理的武装部队训练机构则直接负责联合训练中军事职业教育的实施。各机构的具体职责如下。

(1)联合国防参谋部(HQ IDS)

主要通过联合训练委员会(JTC)协调联合训练。其中,涉及军事职业教育"个体训练"的部分,由条令、组织和训练(DOT)部分负责。同时,联合国防参谋部还负责与各军种总部(SHQs)及其训练司令部进行沟通互动,以协调联合训练。

(2)联合训练委员会(JTC)

联合训练委员会自印度独立以来就已存在。由联合国防参谋部的副参谋长(主管条令、组织和训练)担任主席,成员包括陆军军训局局长、空军参谋部主管训练的助理参谋长、海军军训局局长及联合国防参谋部的助理参谋长（负责训练和条令）。该委员会负责审查和推荐联合训练与武装部队训练机构（联合国防参谋部直属）的政策决策，提交参谋长委员会进行决策。所有涉及联合训练且需三军同意的重大决策都需提交至联合训练委员会。其主要职责如下。

一是制定联合训练政策、条令和训练计划。这些政策和计划是印度三军联合训练的指导性文件，涵盖了训练的目标、内容、方法及考核标准等内容。

二是监督各军种训练机构运行情况。对陆军、海军和空军的各级训练机构进行监督和检查，及时发现训练过程中暴露出的问题，如训练设施不足、师资力量薄弱等，并协调解决这些问题，以确保训练机构的正常运转和训练质量的提升。

三是负责安排军官出国参加与联合作战有关的课程、研讨班。通过组织军官出国学习和交流，印度军队能够了解国际先进的军事训练理念和方法，引进国外的先进军事技术和作战经验，促进印度军事职业教育的国际化发展。

（3）武装部队训练机构（AFTIs）

武装部队训练机构是指直属联合国防参谋部领导的联合训练机构。它们是联合训练层级中军事职业教育的具体执行机构。目前，印度武装部队训练机构主要有5所，具体如下。

国家国防学院（NDA）：位于浦那的卡达克瓦斯拉，由一名指挥官领导。学院为本科军校学员提供联合军种环境下的通用课程培训，学制为3年。学员毕业后可获得相应学位，并进入各自军种的后续学院。

国防军种参谋学院（DSSC）：位于惠灵顿，由一名指挥官领导，并有来自三军的首席教官协助。该学院为三军及其他相关部门的中级军官提供指挥和参谋职能培训，联合行动课程占总课程的60%，以增强联合行动中的"共享视角"。

国防管理学院（CDM）：位于塞康德拉巴德，由一名指挥官领导。学院为三军高级军官提供国防管理方面的培训，并提供国防管理问题的咨询支持，定期举办中高级管理课程。

军事技术学院（MIT）：位于浦那，由一名指挥官领导，满足三军在当代和未来技术方面的培训需求。

外语学校（SFL）：位于新德里，为三军及其他政府部门人员提供9种外语培训。

（三）军种训练层面

在印度军种训练体系内，各军种参谋长作为军种内指挥链上的最高指挥员，对本军种的军事职业教育拥有总体领导权。各军种都设有由军种参谋长领导的训练司令部，负责本军种各训练机构的行政和功能控制，并为军种总部提供与训练政策相关的建议。同时，各军种还有一些其他的工作检查机构，用于维护专业标准。在军种总部层面，训练的总体控制由训练部门负责。

（1）陆军军事职业教育领导

陆军参谋长作为陆军的最高指挥官，对陆军的军事职业教育拥有总体领导权。陆军参谋长负责根据国防部的战略决策和陆军自身的作战需求，确定陆军军事职业教育的重点方向和发展规划。

陆军训练和条令司令部负责陆军训练的组织工作，包括制订陆军训练计划、安排训练资源（如训练场地、设备等）及协调陆军各兵种之间的训练协同等。其下属的陆军训练局具体负责实施陆军训练。

（2）海军军事职业教育领导

海军参谋长是海军的最高指挥官，对海军军事职业教育实施总体领导。

海军人员部部长全权负责海军训练，包括组织海军人员的训练活动、安排训练资源及制定训练政策等。

海军南方司令部肩负海军训练司令部的职责。主要是与海军司令部协商后实施海军训练计划，负责海军训练的具体组织和实施工作。直接管理海军所属院校和训练机构。

（3）空军军事职业教育领导

空军参谋长是空军的最高指挥官，对空军军事职业教育实施总体领导。根据国防部的战略决策和空军的作战需求，确定空军军事职业教育的重点和发展路径。

空军司令部主管人事的副参谋长负责空军训练,包括制订空军训练计划、安排训练资源及组织空军人员的训练活动等。例如,组织空军飞行员进行模拟空战训练,为训练提供必要的飞行模拟器等资源。

空军训练司令部负责所有训练机构及训练活动的协调、组织、管理工作。

第五节　其他国家军事职业教育的组织领导

分析外国军事职业教育组织领导,最理想的状态是穷尽所有国家的情况。但基于国家的多样性,这显然不太现实。为了尽可能多地展现不同国家军事职业教育组织领导的特点和做法,在前文介绍的基础上,本节内容将重点介绍德国、韩国这两个典型国家的军事职业教育组织领导。

一、德国军事职业教育的组织领导

德国军事职业教育主要依托其军事院校和训练机构进行。因此,军事职业教育的组织领导主要体现为对军事院校及训练机构的领导。

(一)军事院校及训练机构的隶属关系

德国国防部内没有统一的院校管理机构,各个军事院校及训练机构的隶属关系相对复杂。但除全军性院校外,其他院校基本按照各军兵种自管的模式进行管理。

全军性院校总体由武装力量指挥参谋部管理。其中,联邦国防军指挥学院和联邦国防军大学两所院校则由联邦国防军副总监察长直接负责。联邦国防军指挥学院具体业务由武装力量指挥参谋部的训练部门指导。其他跨军种的学校隶属于武装力量局,并由武装力量指挥参谋部对训练单位进行业务指导。

德国联邦国防军辖有军事院校的军种或独立兵种包括陆军、海军、空军和联邦国防军卫勤部队。由各军兵种局各自对其进行领导，军种指挥参谋部的训练部门实施业务指导。但其领导架构又各不相同。

其中，陆军专设陆军训练司令部，统一管理陆军的11所院校或训练中心。各兵种专业院校由陆军下设的院校司令部管理。其主要职责为：负责德国陆军军官领导力培训和后续培训的总体规划与控制，领导陆军军官学校、陆军士官学校、陆军训练中心及各分校。对所有陆军学校和训练设施行使指挥权，按照"单一来源训练"原则集中协调和开展训练。组织下属的陆军作战模拟中心、陆军战斗训练中心、联邦国防军联合国训练中心和空中机动训练中心为其他军种提供跨机构和跨国培训工作。

其他军兵种院校则直接归属相应的军种领导。联邦国防军卫生学院由联邦国防军卫勤局领导。德国空军专设驻美战术训练司令部，负责空军飞行员及防空人员在美国和加拿大的培训工作。

（二）德国军事院校内部的管理体制

德国军事院校的领导机关是校（院）司令部。该司令部通常设置4个处室，具体如下。

第一个处室为人事处，负责人事相关事务；第二个处室为安全处，负责院校的安全保障工作；第三个处室为组织训练处，承担组织和安排训练的职责；第四个处室为后勤处，管理院校的后勤事宜。

学员的管理单位为学员队，其规模相当于营级。学员队以下进一步划分为若干区队，区队相当于连级，每个区队人数在100人左右。每个区队还会再细分出若干个班。有些院校则是按照教学单位来编成区队的。

教员的管理方式有两种。一种是由教务部统一管理，教务部负责制订统一的教学计划，并且可依据不同专业组成各个教研室；另一种是校（院）司令部对教员进行统一管理。

二、韩国军事职业教育的组织领导

韩国军事职业教育的组织领导体制习自美军,但又受到日本殖民历史和东亚传统文化的影响,有着其特殊性。

(一)韩国军事职业教育机构隶属关系

韩国军事职业教育的组织领导依托韩国军事教育机构实施,其具体构成及其相互关系如下。

1. 国防部直属院校

韩国国防部的直属院校包括国防大学和医务学校。其中,国防大学由国防部直接领导,内设3个学院,分别为:国家安全保障学院、国土资源管理学院和合成参谋学院。医务学校则由国防部医务司令部领导,主要包括国军军医学校和国军护理军官学校。

2. 军种院校

韩国各军种院校配置模式基本一致,均包括各军种本部直属院校和军种教育或专业司令部所属院校。具体到每个军种情况则有所不同。

(1)陆军军种院校

陆军本部直属院校仅有陆军军官学校一所;陆军教育司令部则下辖陆军大学、第三军官学校、步兵学校、炮兵学校、工程兵学校等14所院校;特种作战学校由陆军特战司令部领导。

(2)海军军种院校

海军本部直属院校有海军军官学校、海军大学两所院校;海军教育司令部下辖基础军事学校、技术兵科学校、战斗兵科学校、行政学校、情报通信学校5所院校。

(3)空军军种学校

空军本部直属院校也有两所,分别为空军军官学校、空军大学。空军教育司令部管理领导4所院校。分别为:高等技术学校、情报通信学校、航空兵学校和防空炮兵学校。

(二)韩国军事职业教育机构层级领导

韩国军事教育机构的组织领导分为"国防部—军种—院校"3个层次。

在国防部层次,国防部所属的人事局是韩国军事院校的最高管理机关,它通过下设的教育课具体负责军事教育工作。国防部人事局负责确定军队院校教育训练的方针政策,对全军军事教育进行统一领导。

在军种层次,各军种本部对其所属军事教育工作负总责,负责制定本军种的教育大纲和计划,其内设的教育训练局具体负责军事院校的领导管理工作。各军种教育司令部则直接领导和监督其下属院校。

在院校层次,各院校则是军事职业教育的具体组织实施者,按上级计划和指令具体组织本校的教育训练。

(三)韩国军事院校内部管理体制

韩国军队院校通常实行院(校)长负责制。院校通常下设行政部、教授部和学生团(队)等管理机构。其中,教授部是学校主管教学工作的中心部门。教授部下设的教务处具体负责组织学校的教学工作。

第四章

外军军事职业教育的体系支撑

外军军事职业教育能够顺利实施并不断发展完善,不仅需要强有力的组织领导体系和不断完善的教育教学体系,还必须依托相对完备的服务保障体系,这同样是其成长起步、全面推进和健全完善的重要支撑。本章重点探讨美国、俄罗斯和其他国家军事职业教育的体系支撑,并得出有益启示。

第一节 美军军事职业教育的体系支撑

美军军事职业教育的运行不是孤立存在的,而是依赖一个复杂、全面的系统,通过政策法规、资源条件、经费保障、技术支持等保障体系,确保其有效顺畅地运行。

一、美军军事职业教育政策法规体系

政策法规体系旨在保障美军军事职业教育的顺利开展,其保障效果决定了美军军事职业教育的质量和发展方向。若缺乏必要的政策法规,或者政策法规不完善、不配套,就会给军事职业教育的开展带来不确定性。

美军军事职业教育政策法规体系由一系列法律法规、政策文件和规章制度构成,这些文件共同构成了军事职业教育的法律基础和实施框架。这些法

规和政策不仅明确了军事职业教育的目标、内容、方式等，还规定了军事职业教育的组织、管理和监督等方面的具体要求。美军军事职业教育政策法规体系从层次上划分，主要包括国家法律、军事法规与政策、条令条例、美国国防大学政策等几个方面。

（一）国家法律

国家法律是由国家立法机关制定，由国家政权保证执行，公民必须遵守的行为规则。在美国，一些规范、做法等一旦上升到国家法律的高度，那么往往会有强制执行的要求，无论违法者是何身份都会受到法律的惩罚。

美国联邦法律是美国国会所颁布的《宪法》及其他法律。美国国会将《宪法》《独立宣言》《联邦条例》之外的所有法律，根据涉及的领域划分成 50 编（title），统称为《美国法典》（United States Code）。该法典自 1926 年发布第一版后，每年均进行增补修订，并且每隔 6 年就会重新编纂颁布一次。在《美国法典》中，涉及军事职业教育制度的主要是第 10 编"武装力量"。第 10 编分为 4 部分编和 1 部附则，4 部分编分别是"一般军事法""陆军""海军和海军陆战队""空军"，涉及军事职业教育制度的主要是第 1 分编。例如，《戈德华特－尼科尔斯国防部重构法案》收录在第 10 编第 1 分编第 1 部分第 5 章。另外，对军事职业教育体系产生重大影响的《罗纳德·里根国防授权法》《约翰·华纳国防授权法》等法案，也均被收录到《美国法典》中的不同章节。

（二）军事法规与政策

美军为了建设完备的军事职业教育体系，落实相关法律要求，制定了一系列关于军事职业教育的政策法规。

美国国防部颁布军事法规的权力由总统或国会授予，其权限由国会颁布的《国家安全法》及相关法律规定。美国国防部颁布军事法规主要通过 4 种形式：国防部指令（DoD directives）、国防部指示（DoD instructions）、国防部出版物（DoD publications）、国防部管理指示（DoD administrative instructions）。这些法规系统阐述了美军军事职业教育的概念、职责、标准等。2006 年 5 月，美国国防部颁布了新版《国防部训练转型战略计划》。由于美军认为训练和教育并不是相互独立的,因此,所有的军事院校和军事教育计划都在它们的发展规划中包含着这两者。

美军参联会主席是总统和国防部长的首席军事顾问。参联会主席会根据国防部长的指令,颁布一系列相关操作性更强的政策指令,其中比较有代表性的就是《军官军事职业教育政策》,这是美军军事职业教育体系中的核心法规之一。它是参联会依据《戈德华特-尼科尔斯国防部重构法案》阐明的原则,规范美军院校军事职业教育的指导性文件。《军官军事职业教育政策》对军官开展军事职业教育的理念、目标、内容、模式和管理体制进行了详细的规定,是美军开展军事职业教育的基本指导方针。

《士兵军事职业教育政策》也是美军军事职业教育体系中的重要法规之一,该政策对美军士兵群体在不同成长阶段的教育内容和目标进行了明确规定。该政策强调了军事职业教育与士兵职业发展的紧密联系,确保了士兵在服役阶段也能获得必要的职业教育和培训,以提高其专业技能和综合素质。

(三)条令条例

美军认为,"条例是各军兵种为贯彻执行国会通过的法律、总统行政命令和国防部长指令而制定的细则;而条令是各军兵种用于阐述自身使命和作战理论,以及规范各类部队在战争中实施作战行动的法律文件,具有与条例同等的法律效力"。《美国法典》规定,各军兵种有权根据《国家安全法》的相关规定,结合自身的编制结构、作战训练等情况,颁发条令条例,明确有关本军兵种的政策、规定程序和职责。

为确保军事职业教育的落实,美军在制定条令条例时,均会对相关工作做出规定。各类条令条例规定军事职业教育的目标、范围、标准和内容,在很大程度上决定着人才的培训效果和培训水平,是美军军事职业教育落到实处的重要保证。例如,"陆军条例(AR)6××"系列是根据国会颁布的《国防军官人事管理法》等军事基本法及国防部相关指令制定的,内容主要有《人事总则》《教育》《委派与选派》等20余个系列,相关规定十分具体。可以说,美军条令条例与美军军事职业教育和人才培训关系非常密切,没有条令条例的相关具体规定,军事职业教育就很难真正落到实处。

（四）美国国防大学政策

作为美军最高级别的军事教育机构，美国国防大学的相关政策对高级军官和联合军官的教育培训起到了重要的指导作用。美国国防大学政策规范了教育、训练和科研活动，强调了对学员战略思维、联合作战能力等高级能力的培养，主要包含教育目标、课程设置、教学管理、师资队伍建设、科研与智库建设等内容。美国国防大学政策确保其能够为美军培养出具有全球视野、战略思维和决策能力的高级领导人才，对美军开展军事职业教育同样具有相当强的指导作用。

二、美军军事职业教育资源条件体系

资源条件体系是美军军事职业教育赖以开展的基础，是教学保障工作的重要内容。美军在建设军事职业教育体系过程中，着眼于提高教育教学质量，紧跟教育技术发展步伐，形成了贴近实际、高效实用的教学资源保障模式和设施条件。美军军事职业教育在教育资源方面拥有较为完善的体系，这些资源涵盖了多个层面，为军官和士兵提供了全面、系统的教育和培训。

（一）教育机构与院校

美军军事职业教育机构包括专门机构和各类院校，为保证教育效益，美军以集约化办学的方式来整合军事职业教育资源。一方面，美军通过区域协作来整合区域教育资源。统筹利用训练基地、军事院校、科研机构、模拟实验中心及相关机构，建立区域联合办学制度，实现地区资源共享。例如，在利文沃思堡基地，就集中了陆军指挥与参谋学院、合成兵种训练中心、合成陆军条令部、陆军经验教训中心、战斗研究所、合成兵种理论研究所、国家模拟训练中心、数字化领导培训中心等军事机构，形成了一套优势互补、分工协作的机制，实现了战、训、教、研一体化。另一方面，美军通过院校一体化来整合各军种教育资源。例如，陆军训练与条令司令部1997年2月颁发了第357-18号条例——《整体陆军院校体系》，将分别隶属于陆军现役部队、陆军国民警卫队和陆军后备队的陆军院校,纳入同一院校体系,实施相同的教学、训练计划,以整合教育资源,提高教育效益。美海军依托"海上勇士"计划,加强院校间协调及资源优化整合。美空军则将负责训练的原空军训练司令部、3个空军国民警卫队训练单位、3个空军训练基地和空军大学合并,组建新的空军教育与训练司令部,形成了统一的训练与教育体系,有力地整合了空军的训练与教育资源。

(二)在线课程与远程教育

随着信息技术的发展,美军也充分利用在线教育平台提供军事职业教育。例如,通过Coursera、edX等在线教育平台,美军为军官提供了大量与军事科学和国防相关的在线课程,这些课程涵盖了战略、战术、军种专业知识等多个方面。目前,美军指挥院校广泛使用各种现代化的视听教学系统和设计新颖、使用便利的电化教学系统及辅助教学器材,以满足远程教育、小班化教学、研讨式教学等教学需要,极大地提高了教学效果。主要做法有:一是教学设备紧跟信息技术发展,如空军军官学校安装了连接到教室与学员宿舍的卫星通信设备,通过最先进的人机对话手段进行辅助教学;海军军官学校通过一个计算机中心和356个终端、75个制图终端及170个电子演习平台实施相关课程的教学。二是广泛运用联合仿真模拟系统,如陆军军官学校战略领导中心的一个特定任务,就是利用计算机模拟与仿真数据库和辅助决策系统提高学员对地面力量的战略运用能力及其在联合作战中的决策能力;海军军官学校建成的当今世界规模最大、功能最全、技术最先进的模拟中心,其主要功能之一就是帮助学员更好地掌握所学内容。三是大力开发远程网络教学系统,目前,美军已研制出了"实时同步授课模式和异步授课模式",建立了完整、先进的大型开放式网络教育系统平台。各院校也为此完成了硬件设施的建设,为远程网络教学的不断发展和普及奠定了基础。

(三)实践训练与模拟演练

除了开展各类教学,美军还十分重视实践训练和模拟演练,如利用国家训练中心开展训练。美军设有多个国家训练中心,如陆军国家训练中心、海军陆战队山地战训练中心等，这些中心为军官和士兵提供了逼真的实战环境和模拟演练机会。除此之外，美军还经常组织大规模的军事演习和模拟对抗活动，这些活动不仅检验了部队的作战能力，也为军官和士兵提供了宝贵的实践经验，如通过参加作战演习，学员将学到的理论在演习中加以运用。演习形式多样，并不全是计算机模拟训练，也有相当一部分为实兵实弹演习。除参加作战演习外，美军军官联合军事职业教育还利用参观见习、到部队任职或代职等教学实践提高学员实践能力。这些活动不仅检验了部队的作战能力，也为军官和士兵提供了宝贵的实践经验。

（四）国际合作与交流

美军积极与其他国家的军事教育机构开展合作与交流，共同举办联合军事演习、培训项目等活动。这种国际合作与交流不仅有助于提升美军的军事职业教育水平，也有助于增进不同国家之间的军事互信与合作。在具体做法上，美军注重教育资源整合与国际共享。美军通过设立专门机构或指定牵头部门，负责协调不同部门和领域之间的资源整合工作，确保资源的有效利用。美军还注重利用互联网、大数据、人工智能等技术手段，搭建线上线下融合的培训平台，实现线上学习、线下实践的无缝对接。同时，建设开放共享的培训资源平台，促进知识共享和经验传递。

三、美军军事职业教育经费保障体系

美军军事职业教育经费保障体系是一个多元化、规范化、高效化的体系，这是确保军事职业教育顺利进行和高质量发展的关键。美军通过政府拨款、学费与奖学金、社会捐赠与合作等多种渠道筹集经费，通过严格的预算管理和透明的经费使用确保经费的合规性和有效性，通过优先保障重点项目和优化资源配置提高经费使用效率。

（一）经费来源

美军军事职业教育经费的来源比较多元化，主要包括政府拨款、学费与奖学金、社会捐赠与合作等。首先，美军军事职业教育的经费主要来源于政府拨款，包括联邦政府、州政府和地方政府的财政支持。这些拨款为军事职业教育提供了稳定的经费来源。政府拨款是美军军事职业教育经费来源的主要途径，其次是学费与奖学金。美军军事职业教育中的多数学员是免学费的，也有部分学员需要支付学费，但美军也会提供奖学金以吸引和资助优秀学员。这些奖学金可能包括学费、书籍费、住宿补贴等。最后是社会捐赠与合作。美军会积极寻求社会捐赠及与企业、高校等机构的合作，以获取额外的经费支持。

（二）经费管理

美军军事职业教育经费管理十分规范，主要体现在两个方面：一是有严格的预算管理。美军对军事职业教育经费实行严格的预算管理，确保每一笔经费都能得到有效利用。预算管理包括经费的申请、审批、分配、使用和监督等环节。二是经费的去向公开透明。美军注重经费去向的透明度，定期公布经费使用情况，接受内外部审计和监督，确保经费使用的合规性和有效性。

（三）经费使用

美军在军事职业教育经费的使用上，始终保持高效运行。第一，优先保障重点项目。美军在经费使用上优先保障重点项目和关键领域，如联合军事职业教育、高新技术培训等，以提升军队的整体作战能力和官兵素质。美国国防部在2001财政年拨款议案中，就包括了用于培训军事人员的远程教育经费，这显示了美军在经费支撑保障上对于新兴教育模式的重视和支持。第二，优化资源配置。美军通过优化资源配置，提高经费使用效率。例如，通过共享教学设施、整合课程资源等方式，降低教育成本，提高教育效益。第三，注重保障改革创新项目。例如，对待新兵培训制度研究经费，尽管有争议，但美军仍坚持花费200万美元请匹兹堡大学研究新兵培训制度，这也显示了其在经费支撑保障上对于军事职业教育创新和改革的投入。

（四）经费保障存在的挑战

随着军事技术的不断发展和战争形态的变化，美军军事职业教育的经费需求也在不断增加。如何用有限的经费资源，满足日益增长的培训需求，是美军面临的一大挑战。未来，美军可能会通过加强国际合作、优化经费使用结构、提高经费使用效率等方式，进一步完善军事职业教育经费保障体系，为培养更多高素质、专业化的军事人才提供有力保障。

四、美军军事职业教育技术支持体系

美军军事职业教育技术支持体系是一个全面、先进、个性化和高效的系统，它不仅为学员提供了便捷、高效的学习途径和丰富多样的学习资源，还通过先进的技术手段提升了教学效果和效率。

（一）在线学习支持技术

在线学习支持技术是保障美军军事职业教育顺利开展的主要依托，包括在线学习平台和数字教育资源。首先是在线学习平台。美军利用先进的在线学习平台，如军队内部网络、移动学习应用等，为官兵提供便捷、高效的学习途径。这些平台不仅包含丰富的课程内容，还支持互动学习、在线测试、虚拟实验室等功能，使学员能够随时随地进行学习。其次是数字教育资源。美军积极开发和应用数字教育资源，如电子书、在线课程、视频教程等，以满足学员多样化的学习需求。这些资源经过精心设计和制作，内容涵盖军事理论、战术技能、领导力培养等多个方面，有助于提升学员的综合素质。

（二）虚拟现实与模拟训练技术

开展模拟化的教育教学和训练，是美军保障军事职业教育开展的重要支撑，主要有虚拟现实和模拟训练技术。首先是虚拟现实技术。美军利用虚拟现实技术模拟真实的战场环境和作战任务，使学员能够在安全的环境中进行实战化训练。这种技术不仅能够提高学员的作战技能和应对能力，还能够降低训练成本和风险。其次是模拟训练技术。美军广泛采用模拟训练技术，如飞行模拟器、作战指挥模拟器等，为学员提供逼真的训练环境。这些模拟器能够模拟各种作战场景和复杂情况，帮助学员更好地理解和掌握作战技能。

（三）大数据与人工智能支持

为了应对目前信息化战争的发展大势，利用大数据与人工智能也是美军军事职业教育的技术特长所在。首先是大数据分析。美军运用大数据技术对学员的学习行为、成绩数据等进行深入分析，以了解学员的学习情况和存在的问题。这些分析结果有助于教官制定个性化的教学计划和辅导策略，提高教学效果。其次是人工智能辅助。美军广泛利用人工智能技术为学员提供智能化的学习支持，如智能问答系统、个性化学习推荐等。这些系统能够根据学员的学习需求和兴趣，提供有针对性的学习资源和建议，帮助学员更高效地完成学习任务。

（四）网络安全与信息技术保障

美军军事职业教育技术支持体系涵盖了在线学习、模拟训练、大数据分析、人工智能辅助等多个方面，为学员提供全方位的学习支持，并注重根据学员的学习需求和兴趣提供个性化的学习资源和建议，帮助学员更高效地完成学习任务。一是注重采用网络安全防护措施。美军高度重视在线学习平台和数字教育资源的网络安全防护工作，采取多种措施确保学员的个人信息和学习数据不被泄露或篡改。二是注重信息技术支持。美军为官兵提供全面的信息技术支持服务，包括网络维护、设备更新、软件升级等，以确保官兵能够顺畅地进行在线学习和使用数字教育资源。美军通过技术支持体系实现了教育资源的优化配置和高效利用，提高了军事职业教育的整体效益。

第二节　俄军军事职业教育的体系支撑

俄罗斯的军事职业教育体系是一个复杂而全面的系统，旨在为俄军培养高素质、专业化的军事人才。俄罗斯的军事职业教育体系主要包括政策法规体系、资源条件体系、人力资源体系、爱国主义教育体系。

一、俄军军事职业教育政策法规体系

俄军军事职业教育政策法规体系是一个多层次、多维度的法规体系，其主要作用是为俄军军事职业教育提供法律保障和政策指导，包括宏观院校教育法规体系、微观院校教育法规体系和军事职业教育特色政策等。

（一）宏观院校教育法规体系

俄军军事职业教育的宏观院校教育法规体系主要由具有普遍指导意义的法规构成，这些法规为整个军事职业教育体系提供了法律基础和指导框架。一是宪法与教育法典。其中，《俄罗斯联邦宪法》作为国家的根本法，为军事职业教育提供了基本的法律框架和指导原则。《俄罗斯联邦教育法》及其相关修正案，对职业教育进行了总体规定，明确了职业教育的目标、任务、管理体制等。二是专项法规。其中，《俄罗斯联邦高等职业教育机构（高等院校）规范条例》等法规，针对高等教育机构（包括军事院校）的组织管理、教学活动、科研活动等方面进行了具体规定。《高等级大学后职业教育》对高等级大学后职业教育阶段的教育标准、质量评估等方面进行了规定。《俄罗斯联邦国防部高等军事院校工作指南》等国防部发布的专项法规，为军事院校的教学、科研、管理等活动提供了详细的指导和规范。

（二）微观院校教育法规体系

除宏观的法规体系外，俄罗斯还建立了一套微观的院校教育法规体系，以确保军事职业教育在具体实施过程中的规范性和有效性。这些规定包括各

军事职业院校的内部规章制度、教学管理规定、学生管理规定等。首先是院校内部管理规定。俄罗斯军事院校根据国家和国防部的法规要求，结合院校实际情况，制定了内部管理规定。这些规定涵盖了教学、科研、管理、学员管理、教员管理等多个方面，确保院校各项工作的有序进行。其次是专业与课程相关法规。针对军事职业教育的特点和需求，俄罗斯还制定了一系列与专业和课程相关的法规。这些法规明确了军事职业教育在专业设置、课程设置、教学内容、教学方法等方面的要求，确保军事职业教育与实战需求紧密结合起来。

（三）军事职业教育特色政策

俄罗斯军事职业教育政策法规体系还体现了其独特的军事职业教育特色。例如，强调爱国主义和民族精神的培养，通过一系列法规和政策，确保军事职业教育在培养学员专业技能的同时，也注重培养他们的爱国主义情怀和民族精神；在地方高校设置军事教研室和军事训练系，为俄军培养国防后备军官和专业技术后备军官；严格军官培训要求，包括复杂的战斗任务、精神生活管理、自我发展和自我教育等方面。此外，俄军军事职业教育政策法规体系还体现了职业教育与军事教育的深度融合。通过一系列法规和政策，确保军事职业教育能够与职业教育体系相衔接，为军队培养具备高素质、高技能的军事人才。例如，在职业教育体系中设置与军事相关的专业和课程，为学员提供军事职业教育和实践机会。

二、俄军军事职业教育资源条件体系

俄军军事职业教育资源条件丰富且独具特色，体系建设旨在为军官和士兵提供全面、专业的军事职业教育。资源条件体系主要涉及军事院校、教员队伍、教学资源设施、科研条件、国际交流平台等方面。

（一）军事院校

军事院校是俄军军事职业教育资源条件体系的主体组成部分,包括武装力量和其他强力部门的高等军事院校,也称"军官培训体系"。这一体系最初效仿欧洲,早期发展深受普鲁士的影响,后经战争洗礼和自身军队改革调整,形成了如今的培训模式。俄军军事教育体系共有军事院校25所,包括3个军事教学科研中心、10所军事学院和一所综合性军事大学,以及10所高等军事学校和一所军事专科学院。这些院校构成了俄军军事职业教育资源体系的核心。其中,高等军事学校和军事专科学院主要培养初级军官,提供基本军事技能训练和高等职业教育。军事学院则负责实施初级、中级和高级军官的培训、复训和进修,同时担负基础科学和应用科学的军事科学研究任务,是本领域的主要科研和教学中心。军事教学科研中心是俄军"新面貌"改革中形成的一种新的复合院校形式,集教学、科研于一体,为军官提供更高层次的教育和训练。

（二）教员队伍

俄罗斯军事院校的教员队伍庞大且结构设置合理。一半以上的教员是高级专家,包括1500余名博士和7500余名副博士。教授和博士是主导力量,副教授及高级讲师、副博士是主体力量,形成了一个比较合理的金字塔结构。俄罗斯军事院校的教员队伍素质高、能力强。他们不仅具备深厚的学术造诣和丰富的教学经验,还具备丰富的部队实践经验,能够将理论与实践紧密结合,为军官提供高质量的教育和训练。

（三）教学资源设施

俄罗斯军事院校拥有丰富的教育资源,包括教材、专著、期刊、数据库等。这些资源涵盖了军事理论、战略战术、领导管理、信息技术等多个领域,为军官提供了全面的知识支持。俄罗斯军事院校配备了先进的教学设施,如模拟训练中心、实验室、图书馆、电子阅览室等。这些设施为军官提供了良好的学习环境和实践条件,有助于提高他们的学习效果和实践能力。

（四）科研条件

俄罗斯军事院校积极开展科研合作，与国内外多家知名高校和研究机构建立合作关系，共同开展军事科学研究和技术创新。这种合作不仅有助于提升俄罗斯军事职业教育的科研水平，还有助于推动军事技术的创新和发展。与此同时，俄罗斯军事院校注重创新驱动发展，鼓励教员和学员积极参与科研项目和技术创新活动。通过设立科研基金、提供科研奖励等方式，激发教员和学员的创新热情和创造活力，为军事职业教育注入新的活力和动力。

（五）国际交流平台

俄罗斯军事院校积极开展国际合作与交流活动，与多个国家和地区的军事院校建立合作关系，共同开展教育、科研和训练等方面的合作。这种合作有助于提升俄军军事职业教育的国际影响力，也有助于促进国际军事交流。俄罗斯军事院校还为军官提供了留学和访学的机会，鼓励他们到国外知名军事院校学习和交流。这种经历有助于拓宽军官的国际视野，提高他们的跨文化交流能力和国际竞争力。

三、俄军军事职业教育人力资源体系

俄军军事职业教育为军官和士兵提供了明确的职业发展路径和有效的激励机制，以促进他们的个人成长和职业发展。

（一）教育与培养

俄军军事职业教育体系层次性强，包括任职前教育、初级教育、中级教育和高级教育等多个层次，为不同职业发展阶段的军官提供针对性的教育和培养内容，为军官提供了不同职业发展阶段的学习机会和晋升途径。教育内容与部队实际需求紧密对接，根据岗位需求设置专业课程，确保学员所学知识与部队需求相匹配。同时，注重培养学员的实践能力、创新能力和跨文化交流能力。注重实践锻炼，通过军事演习、实战训练、国际交流等方式，为学员提供实践锻炼的机会，帮助他们将所学知识应用于实际工作中。

（二）职业发展路径

俄军军事职业教育与军人职业发展结合紧密。一方面，俄罗斯军队实行跨岗位任职和轮岗制度，军官在从生长干部到高级干部的成长过程中，必须经历多岗位任职，以打破不同兵种间的专业知识壁垒，积累联合作战指挥经验。俄罗斯国防部专门制定并颁布了《俄罗斯联邦武装力量军官职务岗位轮换细则》，通过条令条例对军官跨岗位任职轮换进行了细致规定，确保军官能够全面发展。另一方面，俄军军事职业教育的专业与岗位对接比较密切。俄军军事职业教育注重专业与岗位的对接，根据部队实际需求和军官个人特点，为他们提供针对性的教育和训练。这种对接有助于军官更好地适应岗位需求，发挥个人优势。同时，俄罗斯军队实行严格的晋升机制，军官通过参加军事职业教育、完成岗位任务、表现优秀等方式可以获得晋升机会。晋升机制注重考察军官的综合素质、工作实绩和领导能力。俄军还实行轮岗和跨岗位任职制度，鼓励军官在不同岗位和领域积累经验，提升综合素质和适应能力。通过轮岗和跨岗位任职，军官可以拓宽视野、增进对部队整体运作的理解。

（三）激励与保障

俄罗斯军队为军官提供具有竞争力的薪酬和福利待遇，包括基本工资、津贴、补贴、奖金等。这些薪酬和福利有助于激发军官的工作热情和积极性。晋升不仅意味着更高的职位和待遇，还代表着对军官个人能力和贡献的认可。俄罗斯军队还设有多种表彰和奖励机制，对在军事职业教育、部队建设、作战任务等方面表现突出的军官给予表彰和奖励，以激励他们更好地履行职责和使命。俄军军事职业教育为军官提供了广阔的职业发展机会，如留学深造、参加国际军事交流、担任重要职务等。这些机会有助于军官拓宽视野、提升能力、实现个人价值。俄军还为退役军官提供完善的安置政策，包括就业指导、创业扶持、社会保障等。这些措施有助于减轻军官的后顾之忧，帮助他们退役后顺利再就业。

（四）管理与评估

俄军军事职业教育人力资源制度拥有完善的管理体系，包括教育行政管理部门、军事院校、部队等多个层次的管理机构。这些机构各司其职、相互协作，共同确保俄军军事职业教育的有效实施。定期对军事职业教育进行评估和反馈，包括教学质量评估、学员满意度调查、部队用人单位反馈等。通过评估及时发现问题，并改进工作，确保军事职业教育的质量和效果。

四、俄军军事职业教育爱国主义教育体系

俄罗斯向来重视对国民的爱国主义教育，对军人的爱国主义教育和价值观塑造始终是军队教育工作的重中之重。因此，俄军军事职业教育中的爱国主义教育也是其教育体系的重要组成部分。俄罗斯军事院校高度重视爱国主义教育在培养学员主体思想和价值观方面的重要作用。

（一）突出爱国主义教育的核心地位

爱国主义教育在俄军军事职业教育中占有核心地位，被视为培养军官和士兵国家意识、民族自豪感和忠诚度的关键手段。俄罗斯政府通过制定相关法律法规，将爱国主义教育纳入军事职业教育体系，确保其得到全面实施。

（二）爱国主义教育的内容与方式

俄军爱国主义教育的内容主要包括历史与文化教育、军事荣誉与英雄主义等。一是历史与文化教育，通过讲述俄罗斯的历史、文化和传统，特别是强调军队在卫国战争等历史事件中的英勇事迹，激发军官和士兵的爱国情感和民族自豪感。例如，在莫斯科朝向欧洲的主干道"库图佐夫大街"上有一座胜利广场，那里矗立着凯旋门及伟大卫国战争纪念碑和纪念馆。纪念馆大厅顶棚垂下密密麻麻的铁链，铁链数量代表着苏联在第二次世界大战中的死亡人数；胜利广场中央矗立着高141.8米的第二次世界大战纪念碑，代表战争进行的1418个

昼夜。这些纪念设施和活动成为俄军军事职业教育中爱国主义教育的生动教材和有力支撑。二是军事荣誉与英雄主义，弘扬军事荣誉和英雄主义精神，通过表彰先进典型、宣传英雄事迹等方式，树立榜样，引导军官和士兵向英雄学习，为国家和民族的利益而英勇奋斗。三是实践活动与体验教育，组织参观军事博物馆、纪念馆、纪念碑等，让军官和士兵亲身感受国家的历史和荣耀；同时，通过军事演习、实战训练等活动，培养他们的团队协作精神和集体荣誉感。四是开展媒体宣传与舆论引导，利用媒体平台，如红星电视台等，播放军事新闻与评论、战争影视剧、脱口秀、纪录片等节目，宣传爱国主义精神，营造浓厚的爱国氛围。例如，俄罗斯国防部拥有自己的媒体——红星电视台，全天 24 小时播放军事新闻与评论、纪录片等节目，纪录片内容包括兵器史、战争史、科学技术史等，还有专为青少年制作的军事题材动画片。这些节目在潜移默化中向军官、士兵及青少年传递爱国主义精神。

（三）爱国主义教育的功能指向

一是提升国家意识。通过爱国主义教育，军官和士兵对国家的认同感、归属感显著增强，他们更加明确自己的职责和使命，愿意为国家的安全和稳定贡献力量。二是促进军事职业发展。爱国主义教育激发了军官和士兵的爱国热情，提高了他们的职业荣誉感和责任感，有助于他们在军事职业道路上不断追求卓越、勇攀高峰。三是增强民族凝聚力。爱国主义教育在俄罗斯社会形成了强大的民族凝聚力，使人们在面对外部威胁和挑战时能够团结一心、共同抵御，为国家的繁荣和发展提供坚实保障。

第三节　其他国家军事职业教育的体系支撑

除了美国和俄罗斯两个典型国家，英国、德国、以色列、日本等军事强国，在军事职业教育中，也都十分注重从政策法规、资源条件、技术手段等方面提供支撑。

一、英军军事职业教育的体系支撑

英军军事职业教育有着悠久的历史,各方面表现也比较成熟。英军军事职业教育的体系支撑主要体现在法制支撑、资源条件支撑、技术支撑等方面。

(一)法制支撑

英国军事法制系统的构建源远流长。有记载的第一个英国军事法庭可追溯到 1279 年的中世纪中期,总军法官办公室设立于 1666 年。这为英军军事职业教育的法制化发展奠定了基础。英国议会颁布的《陆海军违反军纪惩治条例》在很长一段时间内是近代英国陆、海军军事法庭行使军事审判权的主要法律依据。现行的英国军事法体系层次分明,包括武装力量领率机关设立及职能界定的立法、各军种立法及有关各级部队具体运作的立法。这些法律为军事职业教育的开展提供了基本的法律框架和规范。

英军各部队普遍颁发的《训练手册》《军人行为守则》及军官、士官、士兵手册等,明确规范了部队的施训标准、思想与行为。对于参与军事职业教育的人员,在培训的内容、方式、时间等方面都有具体的规定和要求,以确保培训的质量和效果。英国军事职业教育与军人的职业发展紧密相连,相关法规对军官的晋升、任免等都有明确的规定。军官的晋升严格按照各级军官的编制人数和财政经费进行控制,并且有着明确的任职年限和晋升条件。这种制度促使军人积极参与职业教育,以提升自己的专业能力和综合素质,满足职业发展的需求。随着时代的发展,英国也越来越注重通过立法来保障军人的权益。例如,英国国防部 2000 年 4 月颁布的"从军—军事契约",加快了通过立法保障军人利益的步伐。2011 年 11 月,该契约的主要原则首次被写入《武装力量法》,从法律层面确定了国家和政府对军队肩负的责任,使军人在参与职业教育等方面的权益有了良好的法律保障。

在英军军事职业教育中,有着严格的监督机制,以确保法律法规的执行。各级军事机关和部门对职业教育的实施过程进行监督,包括培训课程的开展、考核评估的进行等,以保证教育活动符合法律规定和标准要求。对于违反军事职业教育法律法规的行为,有着明确的处罚措施。这些处罚措施具有较强的威慑力，促使军人和相关机构严格遵守法律规定，保障军事职业教育的顺利进行。

（二）资源条件支撑

英军军事职业教育的资源条件主要体现在以下几个方面。

1.教育机构与院校资源

首先是皇家国防研究学院。这是英国非常重要的军事职业教育机构，专门培养陆、海、空三军的上校、准将级军官及国防部的高级文职官员，同时也面向英联邦和北约国家的高级军官开放。学院拥有优秀的师资队伍，采用非固定编制的教官制度，能够根据课程需求聘请军队、政府部门、大学、研究单位的专业人士授课。其课程设置全面且深入，涵盖国家政策、当代社会关系、全球不同区域情况及欧洲安全等多个主题，对于提升高级军官的战略思维和国防政策制定能力具有重要意义。其次是地方军事院校及培训中心。除了顶尖的军事院校，英国在各地还设有一些地方军事院校及培训中心，这些机构为不同层级的军事人员提供了多样化的职业教育课程和培训项目，满足了基层军官和士兵在专业技能提升、战术训练等方面的需求。最后是与地方高校的合作。英国许多大学与军方保持着密切的合作关系，为军事职业教育提供了学术支持和资源共享的平台。一些大学设有专门的军事学位课程，吸引学生学习，同时也为现役军人提供了深造的机会。大学的科研资源、图书馆、实验室等设施也为军事研究和学习提供了便利。

2.师资力量

英国军队拥有一支经验丰富、专业素质高的军事教官队伍。这些教官大多具有丰富的实战经验和教学经验，能够将理论知识与实际操作相结合，为学员提供高质量的教学。他们在战术、战略、武器装备使用等方面具有深厚的造诣，能够传授最新的军事理念和技术。同时还有来自其他领域的专家。由于军事科学的不断发展和跨学科性的增强，英军军事职业教育还会邀请来自政府部门、科研机构、企业等其他领域的专家参与教学。例如，在涉及国防科技、军事战略与国际关系等方面的课程时，会邀请相关领域的专家学者进行授课，为学员提供更广阔的视野和多元化的思维方式。

3. 课程与教材资源

英军军事职业教育的课程体系丰富多样，包括军事战略、战术指挥、武器装备技术、军事管理、国防政策、国际安全等多个领域。课程设置既注重理论知识的传授，也强调实践能力的培养，通过课堂教学、实地考察、模拟演练等多种教学方式，提高学员的综合素质和应对实际问题的能力。英国在军事教育领域还拥有丰富的教材和学习资料，这些资源由专业的军事教育机构和出版社编写和出版。教材内容涵盖了军事理论、历史案例、最新的军事技术等方面，具有较高的权威性和实用性。此外，随着信息技术的发展，电子教材、在线学习资源等也逐渐成为军事职业教育的重要组成部分，为学员提供了更加便捷的学习方式。

4. 资金支持

英军开展军事职业教育的资金主要来自政府投入。英国政府高度重视本国军事力量的建设和发展，对军事职业教育给予了充分的资金支持。政府的投入确保了军事院校和培训中心的正常运转，在教学设施的建设、师资队伍的培养、课程研发等方面都有充足的资金保障。除此之外，英国军队也会从自身的经费中拿出一部分用于军事职业教育，以满足军人不断提升自身能力的需求。军队内部的培训项目和学习活动通常都会得到相应的经费支持，确保军人能够接受高质量的军事职业教育。

5. 实践训练资源

英国拥有许多军事基地和训练场地，这些场所为军事职业教育提供了良好的实践训练条件。学员可以在军事基地进行武器装备的操作训练、战术演练、模拟对抗等活动，提高自己的实际操作能力和应对复杂情况的能力。英国军队经常参与各种军事演习和联合训练，这些活动不仅是检验和提升军队战斗力的重要方式，也是军事职业教育的重要实践环节。学员可以通过参与军事演习和联合训练，了解不同国家军队的作战理念和战术方法，学习先进的军事技术和经验，提高自己的协同作战能力和国际视野。

(三)技术支撑

英军开展军事职业教育依托于成熟的科研技术,这既包括军事科研机构的支撑,也包括信息技术的支持。首先,英国拥有一批顶尖的军事科研机构,如国防科技实验室等,这些机构在军事技术研发、武器装备改进、军事战略研究等方面处于世界领先地位。军事职业教育可以充分利用这些科研机构的资源,为学员提供最新的科研成果和技术信息,帮助他们了解军事技术的发展趋势,提高自己的科技创新能力。其次,在信息技术支持上,随着信息技术的快速发展,英国军队在军事职业教育中广泛应用信息技术,如虚拟训练系统、网络通信技术、在线学习平台、信息安全技术、装备技术维护与保障、远程教育等。这些信息技术手段为学员提供了更加灵活、便捷的学习方式,同时也提高了教学效率和质量。

二、德军军事职业教育的体系支撑

德国开展军事职业教育,在体系支撑上也包括法制支撑、资源条件支撑、技术支撑等方面。

(一)法制支撑

1.完善的法律体系基础

德军军事职业教育具有完善的法律体系基础。首先,实现多领域法律覆盖。德国拥有较为全面的法律框架来支持军事职业教育。在国家层面,诸多法律中都有涉及职业教育的内容,比如《德国联邦职业教育法》规定了各类企业是职业教育与培训的主体,这也为军事领域企业参与军事职业教育提供了依据;《联邦促进培训法》对参训者的费用等方面做出了明确规定,保障了军事职业教育在经费使用等方面的规范性;《高等教育框架法修正案》《职业晋升促进法修正案》等法律,从不同角度为军事人员接受职业教育后的学历认可、职业晋升等提供了支持。其次,有州级法规作为补充。除了国家层面的法律,各州也通常以立法的形式明确职业教育的地位、主体、内容、组织形式、保障政策等。这使得军事职业教育在不同地区实施时能够根据当地的实际情况进行具体的规范和调整，确保教育活动的顺利开展。

2.严格的培训准入制度与考核制度

首先，德军对于想要参与军事职业教育的人员，有着严格的法律规定。例如，任何一名有意成为军官的学员或士兵，均须经过为期3个月共54个课时的初级法律班培训，主要学习宪法、刑法、行政法及德军内部的规章制度等，其间必须通过两次考试，不合格者就不能成为候任军官。其次，考核标准明确，在培训过程中，各项考核的标准和要求都通过法律进行了明确规定，保证了考核的公正性和严肃性。这种严格的考核制度确保了接受军事职业教育的人员能够真正掌握所需的知识和技能，提高军事素养。

3.强调法律责任与纪律约束

首先，明确责任义务。德军在军事职业教育的法律中，明确了军队、培训机构、军事人员等各方的责任和义务。军队有责任组织和开展高质量的职业教育活动，培训机构要按照法律规定提供合格的教育资源和教学服务，军事人员则有义务积极参与培训并遵守相关的法律法规和纪律要求。其次，严格纪律约束。德军对于违反法律和纪律的行为，有着严格的处罚规定。这不仅维护了军事职业教育的正常秩序，也培养了军事人员的纪律意识和法治观念，确保了军队的战斗力和稳定性。

4.保障教育资源的合理分配

法律规定了军事职业教育的经费来源和使用方式，确保经费的充足供应和合理分配。政府、军队及相关企业等都需要按照法律规定承担相应的经费投入责任，为军事职业教育的开展提供坚实的经济基础。在法律的保障下，军事职业教育能够获得优质的师资力量和教学设施。例如，法律规定了军事院校和培训机构在师资队伍建设、教学设施配备等方面的标准和要求，保障了军事人员能够接受高质量的教育。

5.适应国际合作与军事任务的法律规范

随着国际军事合作的日益增多，德国的军事职业教育法制体系中也纳入了相关的法律规范，以确保德国军队在与其他国家军队进行联合培训、交流等活动时，能够遵守国际法和当地法律。这有助于提升德国军队在国际舞台上的影响力,同时也为德国军事人员参与国际军事行动提供了法律保障。

6.军事任务需求

根据现代军事任务的特点和需求,德国不断对军事职业教育法规进行调整和完善。例如,在应对反恐、维和等非传统安全威胁的军事任务时,德国通过制定相应的法律规定,要求军事人员在职业教育中加强相关知识和技能的学习,以提高应对复杂局势的能力。

(二)资源条件支撑

德军军事职业教育的资源条件具有多方面的优势,具体包括以下几个方面。

1.院校资源

首先,德国拥有知名军事院校。德国拥有如联邦国防军指挥学院这样的顶尖军事院校。它是对德国联邦国防军所有参谋和将军进行培训和职业教育的最高中央军事培训机构,被誉为"德国将帅的摇篮"。学院拥有多个院系,包括部署和作战指挥学院,管理学院,政治、战略与社会科学学院,陆军学院,空军学院,海军学院,医疗服务与健康科学学院等,能为不同军种、不同专业方向的军事人员提供系统且深入的职业教育课程。其次,与地方高校开展合作。德国的军事教育体系积极推行军事院校和地方高校相结合的原则。一些地方高校在特定学科领域具有深厚的学术积淀和丰富的教学资源,与军事院校开展合作,为军事人员提供相关的专业知识和技能培训,如工程技术、信息技术、管理学等方面的课程,拓宽了军事人员的知识面和技能领域。

2.师资力量

首先,德国拥有专业的军事教官。德国军队拥有一支高素质、经验丰富的军事教官队伍。这些教官大多是从军队中选拔出来的优秀军官,他们具有丰富的实战经验和深厚的军事理论素养,能够将理论与实践紧密结合,为学员提供高质量的教学。例如,在战术指挥、武器装备操作等实践性较强的课程中,教官们可以通过自身的经历和经验,为学员提供生动的案例和实用的指导。其次，邀请学术专家和学者。除了军事教官，德国的军事院校还会邀请学术专家和学者参与教学。这些来自高校、科研机构的专家和学者在军事理论、战略研究、国际关系等领域有着深入的研究和独到的见解，能够为学员带来前沿的学术思想和理论知识，帮助他们提升理论水平和思维能力。

3.教学设施

德国拥有众多先进的军事训练基地，这些基地配备了完善的训练设施和设备，为军事职业教育提供了良好的实践教学条件。例如，陆军的训练基地拥有各种地形的训练场、实弹射击场等；空军的训练基地配备了先进的飞行模拟器、机场设施等；海军的训练基地则有舰艇模拟训练系统、海上训练场等。军事人员可以在这些训练基地中进行实战化的训练，提高作战技能和应对复杂情况的能力。在教学过程中，德国的军事院校广泛使用现代化的教学设备，如多媒体教室、虚拟仿真教学系统、在线教学平台等。这些设备能够为学员提供生动、直观的教学体验，帮助他们更好地理解和掌握知识。例如，虚拟仿真教学系统可以模拟各种战争场景和武器装备的操作，让学员在虚拟环境中进行训练，提高训练效果和安全性。

4.科研资源

德国拥有众多的军事科研机构，如德国国防部下属的国防技术与采办联邦办公室、德国联邦国防军技术中心等。这些科研机构在军事技术、武器装备、战略研究等方面开展了大量的研究工作，为军事职业教育提供了丰富的科研资源和学术支持。军事人员可以通过参与科研项目、听取科研报告等方式，了解最新的军事科研成果和发展趋势，为自己的学习和工作提供参考。

5.国际合作

德国的军事院校和科研机构积极开展国际合作，与其他国家的军事院校、科研机构建立了广泛的合作关系。通过国际合作，德国可以引进其他国家的先进技术和经验，同时也可以将自己的研究成果和经验分享给其他国家，促进国际军事交流与合作。这种国际合作不仅为德国的军事职业教育提供了更广阔的发展空间，也为德国军事人员提供了与其他国家同行交流学习的机会。

6.经费保障

德国政府高度重视军事职业教育,为其提供了充足的经费支持。政府的经费投入主要用于军事院校的建设、教学设施的更新、师资队伍的培养、科研项目的开展等方面,确保了军事职业教育的顺利进行。德国的企业在军事职业教育中也发挥了重要的作用。一些企业与军队签订合作协议,为军事职业教育提供资金、技术、设备等方面的支持。例如,一些企业会为军队提供实习机会和就业岗位,帮助军事人员在退役后更好地融入社会;一些企业会参与军事科研项目的研发,为军队提供先进的技术和装备。

(三)技术支撑

德军军事职业教育的技术支撑主要体现在以下几个方面。

1.信息技术应用

首先是在线学习平台。德国军队广泛使用在线学习平台,为军事人员提供远程教学服务。这些平台具备课程管理、学习资源共享、在线测试与评估等功能,方便军事人员随时随地进行学习。例如,军官和士兵可以通过平台学习军事理论、战略战术、武器装备操作等课程,还可以与教员和其他学员进行交流互动。其次是虚拟仿真训练系统。通过构建虚拟的战场环境、武器装备模型和作战任务场景,军事人员可以进行逼真的模拟训练。这种训练方式不仅可以提高训练效果和安全性,还可以降低训练成本。例如,德军的飞行模拟器可以模拟各种飞行条件和战斗场景,让飞行员在虚拟环境中进行飞行训练和战术演练;装甲兵的模拟训练系统可以模拟坦克的驾驶、射击和作战行动,提高装甲兵的作战技能。最后是大数据与数据分析。德国军队利用大数据技术对军事人员的学习数据、训练数据和作战数据进行收集、分析和挖掘,为军事职业教育提供数据支持。通过分析学员的学习行为、学习进度和学习效果,教员可以了解学员的学习情况,及时调整教学策略和教学内容,以提高教学质量。同时,对训练数据和作战数据的分析可以帮助军队发现训练中存在的问题和不足,为改进训练方法和提高作战能力提供依据。

2.装备技术支持

德国拥有先进的武器装备制造技术,这为军事职业教育提供了良好的物质基础。军事人员在接受职业教育的过程中,可以接触到最新的武器装备,学习其操作方法、维护技术和战术应用。例如,德国的"豹2"主战坦克、PzH-2000自行榴弹炮等装备在世界上处于领先地位,军事人员通过学习和操作这些装备,可以提高自己的装备运用能力和作战能力。为了让军事人员更好地掌握武器装备的操作技能,德国军队配备了大量的装备模拟训练器。这些训练器可以模拟武器装备的各种操作状态和故障情况,让军事人员在近似实战的环境中进行训练。例如,潜艇的模拟训练器可以模拟潜艇的水下航行、武器发射和故障排除等操作,提高潜艇兵的作战能力和应急处理能力。

三、以军军事职业教育的体系支撑

主要从法制支撑、资源条件支撑、技术支撑、军事实践支撑等方面阐述以色列军队军事职业教育的体系支撑。

（一）法制支撑

以军军事职业教育的法制体系有以下特点和相关规定。

1.法律框架基础

以色列有完善的国防法律体系,这是军事职业教育法制化的基础。《国防法》明确了军队的建设、组织、训练及军人的权利和义务等基本方面,为军事职业教育提供了法律依据和保障。例如,规定了军人在服役期间及退役后有接受相关军事教育和培训以保持军事素养的义务,确保军事人员能够不断提升自己的专业技能和知识水平,以适应不断变化的军事需求。在国家整体的教育法规中,也有涉及军事职业教育的部分,与《国防法》相互衔接。这些法规明确了军事职业教育在国家教育体系中的地位和作用,规定了军事院校、培训机构等在开展军事职业教育时应遵循的教育标准、接受教学质量评估等方面的要求,保障了军事职业教育的规范性和科学性。

2.培训制度的法制化

以色列实行全民皆兵的义务兵役制,公民服完现役后,还必须转入预备役。对于预备役人员的军事职业教育,有明确的法律规定和制度安排。以军规定,预备役人员服役以3年为一个周期,其间要完成技能、战术、联训等多项训练内容,并要求必须执行一次作战或执勤任务。这种法制化的培训制度确保了预备役人员能够保持良好的战斗状态和军事素养,随时能够应对可能的军事任务。对于一些特殊的专业技术领域,如军事科技研发、情报分析、特种作战等,以色列制定了专门的法律法规,保障相关人员能够接受系统的、专业的职业教育。这些法律规定了培训的内容、方式、时间及考核标准等,确保培训的质量和效果。

3.资源保障的法律制度

以色列政府通过法律规定,确保军事职业教育有足够的经费支持。国防预算中明确划分出用于军事职业教育的资金比例,保障了院校建设、教学设施更新、师资队伍培养、教材编写等方面的经费需求。同时,法律还规定了经费的使用范围和监督机制,防止经费的滥用和浪费。在师资队伍建设方面,有相关的法律规定保障优秀的军事人才能够投身到军事职业教育中。例如,对于从军队中选拔到军事院校担任教官的人员,在待遇、晋升等方面有明确的法律保障,这吸引了大量经验丰富的军官参与到教学工作中。同时,对于从地方高校和科研机构聘请的兼职教师,也有相应的法律规定,规范了他们的聘任程序、教学职责和待遇等。

4.考核与认证机制的法制化

以色列制定了严格的军事职业教育考核标准和评估体系,并通过法律予以明确。这些考核标准涵盖了理论知识、技能操作、实战能力等多个方面,确保军事人员在接受职业教育后能够真正掌握所需的军事技能和知识。例如,在武器装备操作培训中,法律规定了学员必须达到的操作熟练程度和故障排除能力等考核标准。通过军事职业教育考核的人员,会获得相应的资格认证,这些认证具有法律效力。在军队内部,资格认证是军人晋升、岗位调整、承担重要任务的重要依据;在退役后,资格认证也有助于军人在社会上找到与军事相关的工作,实现人才的顺利转换。

（二）资源条件支撑

以色列军事职业教育的资源条件具有如下优势。

1. 院校体系完备

首先，是初级军官院校。以色列有培养陆、海、空三军基层军官的中央军校，以及海军舰艇学校、空军航空学校等初级院校。这些学校为军队培养了大量具备基础军事素养和专业技能的初级军官。其招生对象为表现优秀并具有潜在领导能力的士兵或班长，经过系统学习后，为军队基层指挥岗位输送人才。此外，三军各兵种还有各自的兵种专业学校，负责本兵种的士兵基础培训和军官专业培训。其次，是中级指挥院校。指挥参谋学院是培养陆、海、空三军战役战术指挥及参谋人员的专门学校，培养对象为具有晋升潜力的上尉到中校级军官，为军队的中级指挥和参谋岗位提供了人才支持。最后，还有高级军事院校。国防学院是以色列国防军的最高军事院校，主要培训能在以色列国防军及国防和安全机构的高级职位上进行战略决策的高级人才，既是学习和研究以色列国防和安全问题的最高机构，也是国防和安全机构最高决策层的高级思想库。

2. 师资力量雄厚

以色列军事院校的师资队伍中，很多教员来自部队，他们拥有丰富的实战经验和军事技能，能够将实际作战中的经验和案例融入教学中，使教学内容更具实用性和针对性。这些军官定期轮换回部队任职，保证了教学内容与部队实际需求的紧密结合。除了来自部队的教员，还有一些来自科研机构和学术领域的专业人才担任兼职教师，他们在军事理论、技术研发等方面具有较高的专业素养，为军事职业教育提供了理论支持和学术指导。

3. 教学设施先进

以色列拥有多处专供预备役人员训练的近似实战的模拟训练中心，配备了先进的训练设备和模拟器材，能够为军事人员提供逼真的训练环境。例如，在武器装备操作训练中，有各种型号的武器装备模拟器，让学员在安全的环境下熟悉装备的操作和使用。军事院校内部的教学设备也较为先进，如多媒体教室、实验室、战术模拟训练系统等，为教学提供了良好的条件。在一些专业技术领域的教学中,如通信、电子、航空等,也有先进的实验设备和检测仪器,帮助学员更好地掌握专业知识和技能。

(三)技术支撑

科研技术对以军军事职业教育形成了有力支撑。首先,军事科研成果转化多。以色列在军事科技领域的研发能力较强,许多先进的军事技术和装备都是以色列自主研发的。这些科研成果能够及时应用到军事职业教育中,使军事人员能够接触到最新的军事技术和装备,提高他们的专业水平和作战能力。例如,以色列在无人机、导弹防御系统、情报侦察等领域的技术处于世界领先水平,相关技术在军事教育和训练中得到了广泛应用。其次,军方与科研机构合作紧密。军事院校与科研机构保持着密切的合作关系,共同开展科研项目和学术研究。科研机构为军事职业教育提供了理论支持和技术指导,同时也为军事院校的教学提供了实践案例和研究课题,促进了教学与科研的相互融合。

(四)军事实践支撑

相比于其他国家,以色列军队开展军事职业教育还十分注重实践锻炼,尤其是发挥战争实践的作用。从20世纪40年代的第一次中东战争以来,以色列对外一直积极发动战争,长期处于战争和准备战争的状态,军事人员在实战中积累了大量经验。这些实战经验是以军军事职业教育的重要资源,通过案例分析、战例研讨等方式,将实战经验传授给学员,提高他们的实战能力和应对复杂情况的能力。与此同时,以色列军事演习频繁。以色列军队经常进行军事演习和训练,为军事人员提供了实践锻炼的机会。演习内容涵盖了各种作战场景和任务,包括常规作战、反恐作战、城市作战等,使军事人员能够在模拟实战的环境中提高自己的作战技能和指挥能力。

四、日本自卫队军事职业教育的体系支撑

主要从法制支撑、资源条件支撑、技术支撑等方面阐述日本自卫队军事职业教育的体系支撑。

（一）法制支撑

日本自卫队军事职业教育的法制支撑主要体现在以下方面。

1.基本法律框架

首先是《自卫队法》。1954年日本政府通过了《自卫队法》，这是规范自卫队组织、任务、权利义务等各方面的基本法律。对于自卫队军事职业教育而言，该法是重要的法律依据，明确了自卫队成员接受教育和训练的基本要求和目标，以确保自卫队具备相应的军事能力来履行其维护国内安全和防卫的任务。其次是《和平宪法》的相关规定。日本战后的《和平宪法》第9条规定，日本需要永远放弃以国家主权发动战争的权力，不能保持陆、海、空三军和其他战争力量。这在一定程度上限制了日本自卫队的军事活动范围和武力使用条件，也对自卫队军事职业教育的方向和内容产生了影响。例如，自卫队的军事职业教育必须在宪法规定的框架内进行，强调自卫能力的培养和防御性军事技能的训练，而不能涉及进攻性军事战略和技能的培训。

2.教育训练法规

主要是《防卫省设置法》。该法对自卫队的教育训练做出了相关规定，为自卫队开展军事职业教育提供了具体的法律指导。例如，规定了自卫队教育训练的组织实施机构、训练计划的制订与审批程序、训练经费的保障等。

3.各军种的教育训练条例

日本陆上、海上、航空自卫队根据自身的特点和任务需求，分别制定了相应的教育训练条例。这些条例进一步细化了各军种在军事职业教育方面的具体要求和标准，包括不同兵种、不同岗位的训练内容、训练时间、考核评估等，以确保军事职业教育的针对性和有效性。

4.考核与认证制度的法律保障

日本自卫队建立了严格的军事职业教育考核制度，并通过法律予以明确。考核内容包括理论知识、技能操作、体能素质等多个方面，只有通过考核的自卫队成员才能获得相应的晋升或资格认证。法律规定了考核的组织实施、评分标准、申诉程序等，以保证考核的公平公正。对于完成特定军事职业教育课程或达到一定训练水平的自卫队成员，会给予相应的资格认证，这些资格认证具有法律效力。例如，在某些专业技术领域，如通信、情报、航空驾驶等，获得相关的资格认证是自卫队成员从事相应岗位工作的必要条件。资格认证制度的法制化，确保了自卫队成员的专业能力和素质能够得到有效提升。

5.国际合作与交流的法律规范

日本自卫队与其他国家的军事合作与交流日益增多，在这方面也有相应的法律规范。例如，日本与美国签订的《日美安保条约》及其他双边或多边的军事合作协议，为自卫队参与国际联合训练、军事演习等活动提供了法律依据。这些协议规定了合作的范围、方式、责任分担等内容，确保自卫队在国际合作中的行为合法合规。当日本自卫队参与海外派遣任务时，需要遵循相关的法律规定和审批程序。例如，为应对索马里海域的海盗问题，日本自卫队向吉布提基地派遣部队，就是基于《应对海盗法》等相关法律进行的。其他海外派遣行动，也需要经过国会的审批和授权，以保证其合法性。

（二）资源条件支撑

日本自卫队军事职业教育的资源条件具有多方面特点，主要包含院校体系支撑、师资力量支撑、教学设施支撑、经费保障支撑、信息资源支撑。

1.院校体系

日本自卫队拥有33所院校，形成了较为完整的院校体系。从初级军官的培养，到中级、高级军官的深造，不同层级的院校承担着相应的教育任务。例如，有培养初级军官的基础院校，为自卫队输送新鲜血液，让新入伍的人员接受系统的军事理论和基础技能培训；还有像防卫大学这样的高等学府，为自卫队培养高素质的军事人才。院校的专业设置广泛，涵盖了陆上自卫队、海上自卫队、航空自卫队的各个专业领域，包括指挥、参谋、通信、工程、航空、航海等。每个专业都有相应的课程体系和教学计划，以满足自卫队对不同专业人才的需求。

2.师资力量

日本自卫队院校注重师资的专业背景和实践经验。除自卫队内部的优秀军官担任教员外，还会从其他政府部门、地方大学、智库等机构聘请专业人士和专家学者担任兼职教师。例如，在涉及安全保障、防卫政策等方面的课程中，可能会邀请防卫研究所的专家、内阁官员或外务省的政策制定者进行授课；在一些技术类课程中，会邀请地方大学或科研机构的专业技术人员进行教学。为了拓宽学员的视野和提升教学质量，日本自卫队院校还会聘请外国退役人员或相关领域的知名专家进行讲学。这些国际师资能够带来不同国家的军事理念、作战经验和技术发展动态，有助于学员了解国际军事形势和借鉴国外先进经验。

3.教学设施

自卫队院校配备了先进的教学设施和训练设备。例如，拥有现代化的教室、实验室、模拟训练中心等。在指挥参谋类院校，设有战术模拟训练系统，能够模拟各种作战场景和情况，让学员进行指挥决策和战术演练；在技术类院校，配备了先进的武器装备、电子设备、工程器械等，供学员进行实际操作和维修训练。同时，日本自卫队还拥有多个专门的训练基地，这些基地的设施和环境贴近实战，为学员提供了良好的实践训练条件。比如，富士山脚下的日本富士学校，是日本陆上自卫队的主要训练基地之一，拥有各种地形和训练设施，能够进行步兵、装甲兵、炮兵等多兵种的联合训练；海上自卫队在吴市等地设有海军训练基地，配备了舰艇模拟器、海上靶场等设施，用于舰艇驾驶、作战技能等方面的训练。

4.经费保障

日本政府对自卫队的建设和发展高度重视，在经费上给予了较大的支持。自卫队直接用于院校教育的经费约占防卫费的13%，这为军事职业教育提供了稳定的资金保障。充足的经费能够支持院校的教学设施建设、师资队伍建设、课程研发、科研项目等方面的工作，确保教育质量的不断提升。日本自卫队还注重利用民间资源，与企业、科研机构等开展合作。一方面，企业为自卫队提供先进的技术和装备，支持自卫队的训练和教育；另一方面，自卫队与科研机构合作开展科研项目，共同推动军事技术的发展。这种军地合作的模式，为自卫队军事职业教育提供了更多的资源和支持。

5.信息资源

日本自卫队拥有较为完善的情报系统，能够收集和分析国内外的军事信息和情报。这些情报信息为军事职业教育提供了重要的参考和支持，学员可以通过学习和分析情报，了解国际安全形势、周边国家的军事动态和潜在的安全威胁，提高自己的战略思维和情报分析能力。随着信息技术的发展，日本自卫队院校积极推进数字化教学，建设了在线教学平台和电子图书馆，为学员提供了丰富的数字化教学资源。学员可以通过网络随时随地获取课程资料、学习视频、学术论文等信息，方便了学习和研究。

（三）技术支撑

日本在军事科技领域具有较强的自主研发能力，这为自卫队军事职业教育提供了技术支持。例如，在电子信息技术、航空航天技术、导弹技术等方面，日本都取得了一定的成果，并将这些技术应用到自卫队的武器装备和训练系统中。学员能够接触到先进的军事技术和装备，学习和掌握相关的操作和维护技能。从具体技术上来看，包含以下方面。

1.网络系统建设

防卫省建立了"中央云"综合信息系统。该系统从2023年开始在东京都新宿区的中央指挥所投入建设，能够汇总自卫队的情报信息，包括各自卫队人员情况、装备库存、部队派遣计划等。"中央云"采用内部封闭式云系统，与外部网络隔绝，仅允许特定权限的防卫省职员或自卫队官员登录使用，增强了抵御网络攻击的能力，为军事职业教育提供了信息整合与管理的平台，方便自卫队人员获取和分析相关数据，提升了教育的针对性和有效性。同时，防卫省不断完善网络防御体系，积极参与北约的"锁盾"网络防御演习等活动，提升自身的网络防护能力，也为军事职业教育中的网络安全教学提供了实践案例和经验借鉴。

2.信息通信技术

日本自卫队在通信技术方面不断升级，确保信息的快速、准确传输。这对军事职业教育中的远程教学、指挥通信教学等具有重要意义，使自卫队人员能够及时接收最新的教学内容和指令，提高教学效率和作战协同能力。

3.模拟训练技术

日本自卫队广泛应用虚拟仿真技术，开发了各种模拟训练系统。例如，在指挥参谋训练中，有战术模拟训练系统，能够模拟不同的作战场景、兵力部署和作战行动等,让学员在虚拟环境中进行指挥决策和战术演练,锻炼他们的指挥能力和应对复杂情况的能力。在武器装备操作训练方面,也有相应的模拟训练设备,让学员在安全的环境下熟悉武器装备的性能和操作方法,降低训练成本和风险。另外,利用虚拟现实、增强现实等沉浸式技术,为自卫队人员提供更加真实的训练体验。例如,通过佩戴虚拟现实设备,学员可以身临其境地感受战场环境,进行战斗技能训练和心理适应训练;利用增强现实技术,可以在实际训练场景中叠加虚拟的目标和信息,提高训练的难度和真实性。

4.装备技术研发与应用

日本自卫队不断引进先进的武器装备,如F-35战斗机、出云级直升机驱逐舰等。这些新型装备的技术含量高,操作和维护复杂,需要自卫队人员不断学习和掌握相关技术。因此,在军事职业教育中,会围绕这些新型装备开展技术培训和教学,提高自卫队人员的装备操作能力和维护水平,确保装备能够发挥最大的效能。日本在军事科技领域具有一定的自主研发能力,如在电子信息技术、导弹技术、装甲技术等方面取得了一些成果。这些自主研发的技术不仅应用于武器装备的升级改造,也为军事职业教育提供了技术支撑。自卫队人员可以通过学习和研究这些技术,了解日本军事技术的发展趋势和特点,为未来的军事行动做好准备。

5.教育管理技术

日本建立了在线教育平台,为自卫队人员提供了便捷的学习途径。通过在线教育平台,学员可以随时随地获得课程资料、学习视频、学术论文等教学资源,进行自主学习和在线交流。同时,教育管理部门也可以通过在线教育平台对学员的学习情况进行跟踪和管理,及时了解学员的学习进度和学习效果,为教学评估和教学改进提供依据。利用大数据分析技术对自卫队人员的学习数据、训练数据等进行分析,了解学员的学习需求、优势和不足,为个性化教学提供支持。例如,根据学员的学习记录和考核成绩,为学员制订个性化的学习计划和培训方案,提高教学的针对性和适应性。

第五章

外军军事职业教育的做法及特点

第一节 外军军事职业教育法规制度建设的做法及特点

法规制度是外军军事职业教育体系高效运行的坚实保障。外军历来注重军事职业教育体系的顶层设计，不断完善体系管理、运行的法律法规和基本制度，形成了一系列行之有效的配套制度。本节通过剖析外军在法规制度建设方面的理念基础、体系架构、主要内容及实施保障等内容，为我军提供有益的思路和参考，以完善我军军事职业教育法规制度，推动军事职业教育高质量发展。

一、外军军事职业教育法规制度建设的理念基础

（一）终身学习理念

外军普遍将终身学习理念贯穿于军事职业教育法规制度建设中。以美军为例，作为全球军事力量的重要代表，其军事职业教育中的终身学习理念在塑造高素质军事人才队伍、维持军事优势方面发挥着关键作用。美军强调军人职业生涯全程的教育与培训，从入伍初期的基础军事训练，到任职期间的专业技能提升，再到高级领导岗位的战略素养培养，均有相应的法规政策以

保障持续学习机会。法规明确规定军人在不同阶段必须接受的教育课程和培训时长，鼓励军人利用业余时间参加各类在线学习、进修课程，不断更新知识结构，以适应军事变革和岗位需求。20世纪50年代，美军陆续出台了一系列法规。例如，《国防教育法》中的相关军事条款强调军事教育与国家教育体系的衔接，鼓励军人接受继续教育，为终身学习法规制度的构建奠定基础。20世纪70—90年代，"冷战"对抗与军事变革加速，美军对军人知识更新和能力拓展的需求大增。《军人职业发展法案》等法规相继出台，明确了军人在不同职业生涯阶段的学习要求及晋升与学习挂钩的机制。同时，规范军事院校与部队训练机构在军人继续教育中的职责，形成相对完整的终身学习法规框架，涵盖学习内容、组织实施、资源保障等多个方面。进入21世纪，信息化战争时代来临，军事领域对新技术、新理论的需求十分迫切。美军不断修订和完善终身学习法规，如《21世纪国防教育与培训改革法案》，突出数字化学习资源利用、跨军种跨领域学习协作等内容。

从顶层设计来看，作为美军军事法规的核心，《国防法》明确国防教育在军队建设中的战略地位，将军人终身学习纳入国防教育范畴，为后续法规制定提供了上位法依据。《高等教育法》的军事部分涉及军事高等教育内容，打通了军人接受地方高等教育的渠道，明确了军人在地方高校进修、攻读学位的政策支持和保障措施，促进了军地教育资源融合，为军人终身学习提供了更广阔的教育平台。从军队内部法规条令来看，《军人职业发展条例》详细规定了军人从入伍到退役全职业周期的学习发展路径，明确了不同职级晋升所需的学习课程、培训时长和考核标准，构建了以职业发展为导向的终身学习体系。《军事教育训练管理规定》规范了军事院校、训练机构在开展军人继续教育过程中的组织管理、教学实施、师资配备等方面的行为，要求院校和机构根据法律法规制订教学计划，确保学习内容紧跟军事发展前沿，保障军人学习质量。

（二）能力本位理念

聚焦军人岗位能力提升是外军法规制度建设的核心导向。以英军为例，英军军事职业教育法规围绕不同军事岗位所需的知识、技能和素质，构建了详细的能力标准体系。通过法规要求，院校和训练机构依据这些标准开展针对性教学与训练，确保军人在完成职业教育后能够具备胜任本职工作的能力。从19世纪开始，英国陆续出台了一些基础性法规，初步明确了军事教育机构的设置与职责，着重培养军人基本的军事技能和战术素养，为后续法规制度的完善奠定了基础。两次世界大战期间，英军不断修订和补充军事职业教育法规，逐渐形成较为系统的体系。法规明确不同军兵种军人职业能力的培养方向，细化各级军事院校教学大纲和课程设置，强调理论与实践相结合，注重培养军人在复杂战争环境下的应变能力和指挥能力。"冷战"结束后，面对新的国际安全形势和军事技术变革，英军军事职业教育法规制度向现代化转型，更加注重信息技术、联合作战等新兴领域军人职业能力的培养。

在英军顶层战略法规方面，国防白皮书作为英国国防战略的纲领性文件，明确了军事职业教育在国防建设中的战略地位，将培养具备全方位职业能力的军事人才作为重要目标。从宏观层面规定军事职业教育应围绕提升军队作战能力、适应国际军事合作需求等方面展开，为后续具体法规的制定提供了战略指导。《武装力量法》涉及军事职业教育的部分，明确了军人接受职业教育的权利，明确了军队在提供教育资源、组织教育实施等方面的责任，为军事职业教育中职业能力培养提供了法律基础，确保职业能力培养在法律框架内有序推进。军队内部核心法规方面，《军事教育与训练条例》作为英军军事职业教育的核心法规，详细规定了军人职业能力培养的目标、内容、方式和管理机制。针对不同军兵种、不同职级的军人，制定个性化的职业能力培养方案，明确各个阶段的教育训练任务和考核标准。例如，海军舰艇指挥官的培养方案中，规定学员必须完成航海技术、海战战术、舰艇指挥等多方面课程学习和实践训练，并通过严格考核才能任职。《军人职业发展规划法规》从军人职业发展角度，规定了不同阶段军人职业能力提升路径。根据军人职业发展周期，明确在入伍初期、晋升中期、高级指挥岗位等阶段应具备的职业能力,以及为达到这些能力所需接受的教育和培训,为军人职业能力的持续提升提供了清晰规划。

(三)开放融合理念

外军积极推动军事职业教育与社会教育资源的融合,在法规制度层面为合作提供便利。美军的《戈德华特-尼科尔斯国防部重构法案》着重于提高联合教育的地位,推动了美军军官联合职业教育体系的发展,促进了各军种之间在军事教育领域的开放融合,要求各军种院校加强联合教育的课程设置和教学合作。同时,美军规定允许充分利用地方高校的教育资源,如允许地方大学的教授到军事院校授课,军事院校的学员也可以选修地方大学的部分课程,同时通过后备军官训练团制度,依托地方高校培养军事人才,以法律形式保障了军地教育资源的融合。《职业教育法》作为德国"双元制"职业教育的法律基础,同样适用于军事职业教育领域。《职业教育法》规定了参与军事职业教育的军队和地方机构的职责和义务,确保了军事职业教育中理论学习与实践锻炼、学历教育与职业培训的紧密结合。通过相关法规鼓励军事院校与国外军事院校和机构开展交流合作,包括人员互访、学术研究合作、联合培训等,提升了德军军事职业教育的国际化水平。德军允许军人在服役期间到地方高校选修课程,所获学分可计入军事职业教育学分体系。《职业教育法》还鼓励地方科研机构、企业参与军事职业教育课程开发和培训项目实施,以实现军地教育资源优势互补,拓宽军事职业教育的渠道和丰富军事职业教育的内容。《俄罗斯联邦教育法》为俄军军事职业教育提供了基本的法律框架,确保了军事教育在国家教育体系中的地位和作用,规定了军事教育机构的设立、运行和管理等方面的基本原则,保障了军事职业教育与国家整体教育体系的融合。俄军还规定可以与地方高校、科研机构合作培养军事人才。例如,在一些专业领域,地方高校为俄军提供专业课程培训和科研支持,同时俄军也为地方高校提供实践教学基地和军事实践机会,实现了军地教育资源的优势互补。

二、外军军事职业教育法规制度建设的体系架构

（一）顶层法律框架

多数外军都有国家层面的军事教育法律作为顶层框架。《国防法》作为美国国防领域的根本大法，明确了国防部在军事教育训练方面的职责，为美军军事职业教育奠定了基础。它规定了各军种在军事教育中的角色与任务分配，保障军事职业教育目标与国防战略目标相一致。《戈德华特-尼科尔斯国防部重构法案》着重改革军事领导与指挥体制，对军事职业教育影响深远。强调联合职业军事教育重要性，推动各军种打破壁垒开展联合教育，规定联合教育课程设置、师资配备及院校协作机制。俄罗斯通过《国防法》《兵役义务与服役法》等法律，明确军事职业教育在国家军事建设中的战略地位，规定军事职业教育的目标、任务、管理体制等基本要素，为后续一系列法规政策的制定奠定基础。这些顶层法律赋予军事职业教育合法地位，保障其在资源配置、人员调配等方面的权威性。《职业教育法》作为德国职业教育核心法律，同样适用于军事职业教育领域，其详细规定了军事职业教育中"双元制"模式，明确了军队与地方企业、院校在人才培养中的职责与合作方式。德国《国防法》明确了军事职业教育在国防建设中的地位与作用，为军事教育资源配置、人员待遇等提供了法律保障，确保了军事职业教育顺利开展。综上所述，各国均通过完善的法律体系规范军事职业教育，确保其在军队建设中的重要地位。同时，将军事职业教育纳入国家整体教育框架，共享教育资源，促进人才培养多元化。各国法律框架围绕国家军事战略目标制定，根据战略调整及时修订，保障军事教育与战略需求一致。

（二）军队内部法规

在顶层法律之下，军队制定了详细的内部法规。军队内部法规在军事职业教育中起着规范、引导和保障的关键作用。美国从国会颁布的基本军事法到各军种部长颁布的条令条例，涵盖了职业军事教育各层次，也涉及军官职业军事教育的各个方面，包括教育、任职、资格认定和晋升等。例如，美军

的《军官职业军事教育政策》对军官职业军事教育和联合军官职业军事教育的政策程序、各级职责分工、院校培养目标与课程设置等进行规范;《关于联合军官管理和联合职业军事教育的战略计划》为增加拥有联合资格的军官数量,规定了第二阶段联合职业军事教育的名额及院校分配;《联合资格制度实施计划》将联合资格分为4级标准,详细规定了每级标准的认定换算方法。俄军的军队内部法规要求军事职业教育应紧密围绕军队实际作战任务和装备技术发展,使教育内容具有很强的针对性和实用性。例如,《军事教育机构条例》对军事院校的任务、编制、教学管理等做出规定,确保军事院校能为军队培养出高素质人才;《军人职业培训与再培训条例》强调了军人职业培训与再培训的重要性,规定了培训的组织实施、内容设置和考核评估等内容,以适应军队不断发展的需求。德军的《军队职业教育框架协议》确定了军队职业教育的总体目标、培训领域和基本要求,为德军军事职业教育提供了基本框架;《军事专业培训条例》则针对不同军事专业,详细规定了培训内容、方法、时间和考核标准等,确保各专业培训的质量和规范性。法军的《军事教育条例》涵盖了军事职业教育的各个环节,包括院校教育管理、训练大纲制定、师资队伍建设等。该条例对教育机构的设置、职责分工进行了明确规定,确保军事职业教育各环节有序衔接、高效运行。同时,针对不同军兵种特点,还制定了专门的职业教育法规,以满足各军兵种特殊的人才培养需求。

(三)实施细则与配套政策

为确保法规制度的可操作性,外军制定了大量实施细则与配套政策。外军军事职业教育相关实施细则主要聚焦课程教学体系,注重理论与实践相结合,突出实战化导向,以满足未来战争需求。教学方法多样,运用现代技术手段提升教学效果。考核评估严格全面,综合考虑学员多方面素质。配套政策大多重视师资队伍建设,提供培养和发展政策,提升教师素质。保障教育资源,加大资金投入,建设基础设施和教育平台。通过激励政策,激发军人参与职业教育的积极性,将教育与职业发展紧密联系起来。美军军事职业教育课程设置:初级军官聚焦领导力、军事技能基础等,如"排级领导力"课程；中级军官以联合战役指挥、军事战略等为主，如"联合空中作战指挥"课程；高级军官着重国家安全政策等，如"国家安全战略决策"课程。课程分为必修课和选修课，选修课涵盖人工智能军事应用等前沿领域。教学方法：大量采用案例教学，以海湾战争等案例培养学员的分析能力；利用先进模拟系统开展模拟演练，如使用"联合战区级模拟系统"模拟复杂战场环境；还常组织野外实践，进行高强度对抗训练。美军军事职业教育相关配套政策涉及教师管理、经费保障、激励措施等方面，鼓励教师到地方顶尖高校、科技企业交流学习新技术、新理念，每2～3年有一次交流机会。定期组织教师参加专业培训和教学研讨，提升教学水平。设立庞大的专项教育经费，每年投入经费占国防教育预算的20%左右。预算根据军事战略和教育需求进行调整，如太空军成立后，及时增加相关教育经费预算。设立"军事教育成就奖"等多种奖励基金，对成绩优异的学员给予高额奖金和颁布荣誉证书。对参与高难度培训任务的人员，给予特殊岗位津贴，标准比普通岗位高30%～50%。俄军军事职业教育课程设置：军事理论课程注重军事思想传统内容，开设"俄罗斯军事战略思想史"课程，也有信息化战争等新领域知识课程；实践课程占比超50%，包括武器装备操作、战术演练等，如坦克驾驶与作战实训。教学方法：采用集中授课与分散自学相结合的方式，集中授课讲解重点难点，分散自学通过在线课程等方式完成；课堂教学与野外训练相结合，野外训练时间占总教学时间的40%左右，注重小班教学，每班20～30人。考核评估涵盖军事理论、技能、体能、心理素质等方面。除定期考核，还会进行不定期抽查和综合演练评估，如在实战化演习中评估学员表现，考核结果将作为晋升和奖惩的重要依据。日军在军事职业教育经费保障方面，出台了具体的经费预算编制、使用管理办法等细则，明确了经费来源、分配比例和使用方向，保障了教育训练活动的顺利开展。在人员激励方面，配套政策规定军人参加职业教育并取得优异成绩可获得奖励、优先晋升资格等，激发军人参与职业教育的积极性。

三、外军军事职业教育法规制度建设的主要内容

（一）教育目标与任务规定

外军法规清晰界定军事职业教育目标任务。美国军事职业教育法规体系以《国防法》为基础，以《戈德华特－尼科尔斯国防部重构法案》等为重要支撑。《国防法》确立了军事教育在国防体系中的地位，《戈德华特－尼科尔斯国防部重构法案》推动了联合军事教育改革。美军通过一系列法规培养具备跨军种协同作战能力的人才。通过联合职业军事教育，军官可以掌握多军种作战知识与技能，如空军军官学习海军的舰艇作战指挥、陆军军官了解空军的空中支援战术，以适应现代战争高度一体化的需求。同时，塑造军官的战略思维与决策能力，致力于培养军官从战略高度思考问题、制定决策的能力。法规要求高级军事教育课程应包含国家安全战略、国际政治等内容，引导学员分析国际形势、军事战略走向，提升战略素养。俄罗斯以《俄罗斯联邦教育法》《俄罗斯联邦国防法》为军事职业教育法规基石，明确军事教育在国家教育体系与国防建设中的定位。围绕俄军武器装备更新换代与军事战略转型，培养掌握先进军事技术、适应新作战模式的军事人才。例如，在军事航天技术发展的背景下，培养精通卫星通信、导弹防御等领域知识的专业人才。俄军重视军事文化与价值观的传承，强调传承俄罗斯军事文化，培养军人的爱国主义精神、荣誉感与使命感。通过军事历史、军事传统教育课程，激发军人对国家和军队的忠诚。德国军事职业教育法规主要基于国家职业教育法规，并结合军队特点制定，《职业教育法》在军事职业教育中发挥重要指导作用。德军借鉴地方"双元制"教育模式，培养军人军事领域专业技能的同时，也帮助军人掌握民用职业技能，提升军人退役后社会适应能力。例如，陆军士兵在学习军事工程技能时，同时学习民用建筑施工相关技能。德军还强调培养军人职业精神、团队协作能力与纪律意识。通过军事训练、团队项目等方式，塑造军人良好职业素养。印军法规规定，军事职业教育旨在培养具备扎实军事专业知识、良好战斗技能和高尚职业道德的军事人才，以满足军队作战、训练、管理等多方面需求。通过系统教育，军人可以掌握

先进武器装备操作方法，具备指挥作战、协同配合和应对复杂战场环境的能力，这为军队履行使命任务提供了人才支撑。

（二）教育对象与层次划分

根据军人职业发展阶段和岗位需求，各国均依据完善的法规制度对军事职业教育对象进行划分，确保划分的科学性、规范性和稳定性。各国法规制度对军事职业教育对象的划分紧密围绕国家军事战略和军队建设需求，培养适应未来战争和军队发展的各类军事人才。同时注重分层分类培养，普遍采用分层分类的方式，根据军种、职级、专业等因素，对教育对象进行细致划分，有针对性地实施教育和培训。美国军事职业教育法规体系以《国防法》为核心，配合《戈德华特－尼科尔斯国防部重构法案》及各军种内部条例，首先将教育对象按军种划分，分为陆军、海军、空军、海军陆战队和太空军。各军种依据自身独特的作战任务与专业需求，开展针对性的军事职业教育。首先，陆军着重培养地面作战、指挥控制与后勤保障等方面的人才；海军侧重于舰艇操作、海上作战与海洋战略等相关的教育；空军聚焦空中作战、航空航天技术与空中指挥等领域；海军陆战队则强调对军人两栖作战、特种作战及快速反应能力的培养；太空军针对太空作战、卫星技术和太空战略等内容进行专业教育。其次，按职级划分，初级军官（少尉—上尉）主要接受基础军事技能、领导力基础及初级战术指挥等方面的教育，旨在为其未来担任基层领导岗位奠定基础。中级军官（少校—中校）侧重于战役指挥、军事战略规划及高级领导能力的培养，以适应更复杂的作战指挥和参谋工作需求。高级军官（上校及以上）则聚焦于国家安全战略、国防政策制定及高级军事决策等高层次内容，培养其在战略层面的决策与领导能力。最后，按专业领域划分，涵盖作战指挥、军事技术、后勤保障、情报分析、军事医疗等多个专业领域。作战指挥专业注重培养战场指挥与战术运用能力；军事技术专业针对各类先进武器装备的操作、维护与研发，培养专业技术人才；后勤保障专业致力于提升物资管理、运输调配及军事设施建设等方面的能力；情报分析专业致力于培养情报收集、分析与研判人才；军事医疗专业则为军队培养具备专业医疗技能的医护人员。

俄罗斯军事职业教育以《俄罗斯联邦教育法》和《俄罗斯联邦国防法》为基础,结合军队内部的相关条例,将教育对象分为义务兵与合同兵、军官与专业技术人员。义务兵在服役初期接受基础军事训练和基本军事技能教育,包括武器使用、战术基础、军事纪律等内容,使其具备基本的军事素养。合同兵则根据合同期限和岗位需求,接受更为深入和专业的培训,如专业技术兵种的合同兵会接受相应的装备操作与维护培训,以适应军队长期作战和建设的需要。军官分为生长军官和在职军官。生长军官通过军事院校招生,从高中毕业生或地方高校优秀学生中选拔培养。在军事院校中,他们接受系统的军事理论教育、军事技能训练及思想政治教育,被培养成具备全面军事素质的初级军官。在职军官则根据其职务晋升和岗位变动需求,参加各类进修培训,包括指挥培训、专业技术培训等,不断提升自身能力和素质。专业技术人员包括武器装备研发、信息技术、军事工程等领域的专业技术人员。他们在专门的军事技术院校或科研机构接受专业化的教育和培训,掌握先进的军事技术知识和技能,为军队的现代化建设提供技术支持。

德军强调军士与军官的区别培养,军士侧重于专业技能和基层管理能力的培养,通过一系列专业课程和实践训练,使其成为军队基层的技术骨干和管理人才。军官则更注重领导力、战略思维和军事指挥能力的培养,在接受全面军事教育的基础上,军官还需学习军事战略、国际关系等方面的知识,以适应更高层次的领导和指挥岗位。澳军将军事职业教育对象分为初级军官、中级军官和高级军官,针对不同层次制定不同的教育内容和培养目标。初级军官教育侧重于基础军事技能和指挥能力的培养;中级军官教育注重专业知识深化和领导能力提升;高级军官教育则聚焦战略思维、政策制定和国际军事合作等方面内容,确保各层次军人都能接受符合其职业发展的教育。

(三)教育机构与管理体制

各国均通过完善法规制度,明确军事职业教育机构的性质、任务和管理职责,为教育机构的运行和管理体制的实施提供法律依据。主要实行分层管理,形成国防部宏观管理、军种具体实施、教育机构自我管理的分层管理体制，确保管理职责明确，从而提高管理效率，增强教育机构之间的协同合作。外军军事职业教育首先依托军事院校教育，如美军的西点军校（美国陆军军官学校）、安纳波利斯海军学院、美国空军学院等。西点军校主要培养陆军初级军官，课程涵盖军事科学、领导力、人文社科和自然科学等，通过严格的军事训练和学术教育，提升学员的军事素养和领导能力。安纳波利斯海军学院专注于培养海军和海军陆战队军官，提供航海、工程、航空等专业课程，注重实践教学，学员有大量的海上实习机会。美国空军学院主要为空军培养军官，设有航空航天工程、军事学等专业，强调飞行训练和航空技术教育。俄罗斯伏龙芝军事学院是俄陆军的重要军事院校，培养陆军中高级指挥和参谋人才；俄海军的库兹涅佐夫海军学院，培养海军指挥、舰艇技术等专业人才。德军军事院校包括指挥院校、技术院校等。指挥院校，如联邦国防军指挥学院，培养中高级指挥军官，课程涵盖军事指挥、军事战略、国际政治等内容，注重培养学员的战略思维和决策能力。技术院校则针对不同军事技术领域培养专业技术人才。

　　为适应联合作战需求，美军设立联合职业军事教育机构，如国防大学。国防大学下辖多个学院，包括国家战争学院、武装力量工业学院等。国家战争学院主要培养高级军事领导和参谋人员，课程聚焦国家安全战略、联合战役指挥等高层次内容；武装力量工业学院着重研究国防工业与军事后勤保障，为军队培养相关领域的专业人才。俄军军事科研机构不仅承担科研任务，还参与军事职业教育。例如，军事科学院参与军事理论、战略战术等军事职业教育。

　　管理体制方面，依据相关法规规定，美国国防部在军事职业教育中起主导作用，负责制定教育政策、规划资源分配和监督教育质量。国防部通过教育与训练政策办公室，协调各军种军事职业教育工作，确保教育目标与国防战略一致。各军种在国防部指导下，对本军种军事职业教育进行自主管理。各军种设有教育司令部或类似机构，负责管理本军种院校、制定教育计划和课程标准。陆军教育司令部负责陆军院校的教学安排、师资管理和学员培养等工作；海军教育与训练司令部统筹海军院校和训练机构的运行。军事院校内部管理。军事院校在遵循上级法规和政策的基础上，拥有一定自主权。院校设立校务委员会，由院长、教员代表、学员代表等组成，讨论决定院校重大事项，如教学改革、师资队伍建设等。同时，院校内部通过建立教学、科研、管理等职能部门，各司其职，保障院校正常运转。

（四）课程体系与教学管理

外军通过完善法规，明确课程体系构建与教学管理的原则、方法，保障军事职业教育有序开展。课程体系构建注重理论与实践结合，以实战需求为导向设置课程内容。教学管理强调实践教学，提升学员实际作战能力。各国均注重军事职业教育教学质量，建立教学质量评估与监控机制，通过评估结果改进教学方式，提升教育效果。美军课程体系分为基础课程、专业课程与联合课程。基础课程面向初级军官，涵盖军事技能基础、领导力基础等，如"军事基础训练"课程，旨在培养军官的基本军事素养；专业课程依据军种和岗位细分，海军设有舰艇作战系统操作等课程，空军开设航空发动机维护等课程，满足不同军种需求；联合课程针对的是中高级军官，聚焦联合作战，如"联合战役指挥"课程，提升军官跨军种协同作战能力。以色列军队法规要求，院校和训练机构根据战争形态变化及时调整课程设置，采用案例教学、模拟训练等多样化教学方法，提高教学的实战化水平。在教学管理方面，严格规定教学计划制订、教学质量评估等流程，保障教学活动规范有序开展。《俄罗斯联邦教育法》规定，军事理论课程注重传统军事思想与现代作战理论结合，开设俄罗斯军事战略思想史、信息化战争理论等课程；实践课程占比较大，涵盖武器装备操作、战术演练等，陆军学员有大量坦克驾驶、步兵战术训练课程，以提升实战技能。德国《职业教育法》规定军地融合课程设置，军事专业课程按军种和岗位设置，通用基础课程涵盖外语、计算机、领导力等，与地方职业教育接轨。

教学管理方面，各国军事法规主要围绕规范教学方法、严格师资管理、教学质量评估3个方面制定配套政策。法规鼓励多样化教学方法，模拟训练是重要方式，利用先进模拟系统模拟复杂战场环境，提升学员实战能力；案例教学借助真实战例，培养学员分析问题、解决问题能力；研讨式教学促进学员交流互动，激发创新思维。教员选拔严格，要求具备深厚的专业知识与丰富的实践经验，军官教员需有作战经历。定期安排教员到地方高校、科研机构进修，提升专业水平。各国均致力于建立全面的教学质量评估体系，包括学员学习成绩、实践表现、教学满意度调查等。评估结果与教员晋升、奖励挂钩，促使教员提升教学质量。

四、外军军事职业教育法规制度建设的实施保障

首先，经费保障。外军通过法规保障军事职业教育经费投入。在国家财政预算中明确军事职业教育经费比例，确保经费投入稳定增长。经费主要用于院校建设、教学设备购置、师资培训等方面。同时，建立经费使用监督机制，定期审计经费使用情况，提高经费使用效益。其次，师资保障。法规对军事职业教育师资队伍建设提出明确要求。规定军事院校教师必须具备相应学历、专业资格和军事实践经验，鼓励教师参加国内外学术交流和培训活动，提升教学水平。通过优厚待遇吸引优秀人才加入师资队伍，包括提供住房、医疗保障等福利，为师资队伍的稳定和发展创造良好条件。最后，设施保障。为满足军事职业教育教学训练需求，外军法规重视教育设施建设。瑞典军队按照法规要求建设现代化的训练基地、模拟训练中心等教育设施，配备先进的武器装备模拟系统、网络教学平台等设备，为军人提供逼真的训练环境和便捷的学习条件。同时，定期对教育设施进行维护和更新，确保其性能始终处于良好状态。

五、外军军事职业教育法规制度建设的启示与借鉴

（一）完善法规体系，强化顶层设计

我国应借鉴外军经验，加强军事职业教育法规制度的顶层设计。制定国家层面的军事职业教育法，明确军事职业教育的战略地位、目标任务、管理体制等基本问题，为军事职业教育发展提供法律依据。在此基础上，构建完善的军队内部法规体系，细化教育教学、师资建设、经费保障等方面的规定，形成层次分明、内容完备的法规制度体系。

(二)突出需求导向，优化课程体系

以岗位能力需求为导向，优化军事职业教育课程体系。深入分析各军事岗位所需的知识、技能和素质，制定科学合理的课程标准。增加实战化课程比重，引入最新的军事理论和技术成果，使课程内容与部队实际需求紧密结合。同时，创新教学方法和手段，采用信息化教学、模拟训练等方式，提高教学质量和效果。

(三)加强资源整合，促进军地融合

积极推动军事职业教育与社会教育资源的融合。制定相关法规政策，鼓励地方高校、科研机构与军队开展合作，共享教育资源。建立军地人才交流机制，选派军人到地方高校、科研机构学习培训，邀请地方专家到军队授课讲学，拓宽军事人才培养渠道，提升军事职业教育的开放性和创新性。

(四)健全保障机制，确保法规落实

建立健全军事职业教育法规制度的实施保障机制。在经费保障方面，加大投入力度，优化经费分配结构，加强经费使用监管；在师资保障方面，完善师资选拔、培养和激励机制，提高师资队伍整体素质；在设施保障方面，加快现代化教育设施建设，优化教育训练条件。同时，建立法规执行监督评估机制，确保法规制度能够有效落实。

综上，外军军事职业教育法规制度建设在理念、体系架构、内容及实施保障等方面积累了丰富经验。通过对这些经验的深入研究，我们认识到完善的法规制度对军事职业教育发展的重要性。我国应结合自身实际情况，借鉴外军有益做法，不断完善军事职业教育法规制度，推动军事职业教育创新发展，为军队培养更多高素质、专业化军事人才，提升军队战斗力和核心竞争力，以适应新时代国防和军队建设的需求。

第二节　外军军事职业教育组织管理的做法及特点

在当今全球化和军事技术快速发展的时代，军事职业教育成为各国军队提升战斗力、培养高素质军事人才的关键途径。美、俄、英、法、德、日等军事强国在长期的实践中，逐步建立起一套成熟完善的军事职业教育体系，并通过长期的实践积累了丰富经验，形成了一系列基于各自国情的独具特色的做法。综合分析各国具体做法中的共性特点，主要体现在组织管理的理念、总体规划、组织架构、运行机制这 4 个方面。深入研究外军军事职业教育组织管理的特点，对于推动我军军事职业教育改革与发展具有重要意义。

一、外军军事职业教育组织管理的理念

外军军事职业教育的核心理念通常根植于其国家安全战略、军事变革需求及人才培养目标。各国虽在具体实践上存在差异，但总体呈现出以下共性特征：强调实战化、终身化、联合化和科技驱动，旨在通过系统性、前瞻性和灵活性的设计，培养适应现代战争需求的高素质军事人才。其理念特色主要体现在以下几个方面。

（一）实战导向与能力本位的价值取向

基于军事教育训练的目的性，外军普遍将"打赢未来战争"作为军事职业教育组织管理的核心目标，始终将实战需求置于首位，强调"训战一致"。主要表现在以下几个方面。

一是强调作战需求的牵引作用。例如，英国国防大学明确提出"教育必须服务于作战需求"，其课程设计以联合作战能力培养为主线，引入兵棋推演、虚拟仿真等实战化教学手段。日本自卫队借鉴美军经验，建立"任务驱动型"课程体系，要求院校教学内容与部队演训课题同步更新，确保教育成果直接转化为战场效能。法国军事院校推行"双导师制"，由现役指挥官与院校教授共同指导学员，强化理论与实践的结合。这种以能力输出为导向的管

理理念确保了教育内容与战争形态演变的动态适配。

二是重视实战化教学训练。各国军事职业教育，如美国的《军官军事职业教育政策》，明确要求教育内容与联合作战需求紧密结合。在课程设置上，涵盖战略、战役、战术等多层次内容，并且借助国家训练中心（NTC）等模拟实战环境，让学员在逼真的战场情境中进行演练。在 NTC 的演练中，模拟真实战场下敌方部队会采用的各种战术和策略，使美军学员能够在高强度的对抗中提升作战能力。俄军同样重视实战化训练，通过"新面貌"改革，将实战化训练占比提升至 70%。在训练中，突出复杂电磁环境、多兵种协同等实战场景的模拟。俄军的军事院校会定期组织学员参与实战化演习，从战术层面的小规模对抗到战役层面的大规模联合演习，让学员在不同规模的实战场景中积累经验。

（二）联合化与跨域协同的战略视野

随着战争形态向多域融合转变，外军着力打破军种壁垒，构建联合教育体系。美军通过《戈德华特－尼科尔斯国防部重构法案》确立联合教育法定地位，设立国防大学以统筹三军教育资源，要求军官晋升将官前必须完成联合参谋课程。德国推行"联邦国防军大学"模式，整合陆海空三军院校资源，开设跨军种指挥课程，培养军官的全域作战思维。俄罗斯则依托总参军事学院建立"国家安全战略研究中心"，联合外交部、情报机构开展跨部门协同教学。这种联合化理念不仅提升了教育效率，更培养了适应现代战争的复合型人才。

同时，现代战争的高度联合性促使外军高度重视跨军种、跨部门、跨国界的教育协作。美国国防大学开设联合战争学院，学员来自陆、海、空三军及盟国部队，课程聚焦联合作战指挥与战略决策。在联合战争学院的课程中，会设置各种联合行动的案例分析和模拟演练，让不同军种的学员共同参与，培养他们的联合指挥和协同作战能力。英国成立三军联合指挥与参谋学院，整合陆、海、空三军教育资源，培养具备全域作战视野的指挥官。该学院的教学内容涵盖了陆、海、空三军的作战特点和协同作战的方法，通过案例教学、兵棋推演等方式，让学员深入理解联合指挥的要点和难点。

(三)职业化与终身教育理念的深度融合

以美国为代表的西方国家将军人职业发展视为终身学习过程,构建了贯穿职业生涯的"三位一体"教育体系(院校教育、部队训练、自我发展)。美军《军官职业军事教育政策》明确提出,职业军事教育需与晋升、任职、职业发展模型紧密衔接,形成"任命前教育—初级任职教育—中级联合教育—高级战略教育"的递进式路径。俄罗斯则通过"两段三级"培养体制(新军官任职培训、现职军官深造),强调职业教育需覆盖军人服役全程,确保知识技能持续更新。这种理念将军事教育从阶段性培训升级为终身能力建设,强化了军事人才的专业深度与适应能力。日本自卫队通过初、中、高三级教育体系,结合岗位轮换和跨军种培训,实现军人知识与能力的持续更新。初级教育注重基础军事技能和知识的培养,中级教育提升学员的指挥和管理能力,高级教育则侧重于战略思维和决策能力的塑造。岗位轮换让军人在不同的工作岗位上积累经验,跨军种培训则拓宽了他们的视野,增强了他们联合作战的能力。

(四)技术赋能与教育范式的革新意识

主要军事强国积极拥抱信息技术革命,运用信息技术和虚拟仿真技术提升教育效能,推动教育管理模式转型。美军建立分布式学习体系,开发联合知识在线平台,实现全球部署部队的同步教学。韩国国防部引入人工智能辅助决策系统,构建个性化学习路径算法,精准聚焦官兵能力短板。英国皇家国防研究学院运用虚拟现实技术模拟多国联合指挥场景,使学员在沉浸式环境中锤炼危机处置能力。这种技术驱动理念不仅突破了时空限制,更通过数据挖掘实现了教育资源的精准配置。德军在联邦国防军大学引入人工智能和大数据分析技术,优化教学资源分配,设计个性化学习路径。通过人工智能技术,并根据学员的学习情况和特点,为他们推荐适合的学习内容和学习路径;利用大数据分析技术,对教学效果进行评估,及时调整教学策略。

(五)依托国民教育的军民融合理念

外军注重借助地方高校和企业资源提升教育质量。法国通过《国防与国家安全》白皮书推动军地合作,巴黎综合理工学院等地方高校为军队提供工程、信息等专业课程。军队学员可以在地方高校学习专业知识,同时参与高校的科研项目,将理论知识与实践相结合。

以色列则与高科技企业合作,将军用无人机、网络攻防技术等前沿技术纳入教学内容。企业的技术专家会参与到教学中,为学员带来最新的技术和实践经验,使军队的教育能够紧跟科技发展的步伐。

二、外军军事职业教育组织管理的总体规划

外军在军事职业教育的总体规划上体现出系统性、层次性、灵活性和前瞻性,通过顶层设计与动态调整相结合,确保教育体系与军事战略同步发展。

(一)国家战略牵引下的体系化设计

各国将军事教育纳入国家安全战略框架,建立与国家利益相匹配的规划体系。美国《国家安全战略》明确要求"教育体系必须培养能够应对混合威胁的领导者",据此制定的《国防部教育战略路线图》,将军官联合教育比例从30%提升至60%。俄罗斯《2025年前军事教育发展纲要》提出"数字化重塑计划",要求70%课程实现在线化,并建立北极作战、网络战等新兴领域教研室。日本《防卫计划大纲》设立"智能化人才培养专项",规划未来10年增加30%人工智能相关学科投入。这种战略级规划确保了教育资源与国家军事需求的高度契合。

在军事职业教育体系的内部设计上,各国则将军事职业教育视为一个完整的生态系统,构建覆盖全职业周期的教育链条。美军将军事职业教育连续体(PME continuum)划分为5级,从初级到战略级,每级对应特定的岗位和能力要求。初级教育培养学员的基础军事技能和素养,中级教育提升学员的指挥和管理能力,高级教育侧重于培养学员的战略思维和决策能力,将官级

教育为高级将领提供更高层次的战略指导，战略级教育则关注国家安全和全球战略层面的问题。

俄军构建"两段三级"培养体制，生长军官培训段和现职军官深造阶段，依托总参军事学院、各军种学院和军事专科学院实现分层递进。生长军官培训阶段注重培养学员的基本军事素质和专业技能，为军队输送合格的初级军官；现职军官深造阶段则根据军官的职业发展需求，提供不同层次的进修和培训，提升他们的综合能力。

（二）统一规划下的层级专业区分

根据军种、职级和专业差异，外军强调在整体战略规划框架内制定针对性教育规划。

在军种差异化方面，美国陆军指挥与参谋学院侧重地面作战指挥，海军战争学院聚焦海洋战略，空军大学专攻空天力量运用。不同军种的学院根据自身的作战特点和任务需求，设置相应的课程体系和教学内容。

在职级差异化方面，德军将军官教育分为"基础指挥—战术指挥—战役指挥—战略指挥"4级，对应少尉至上将的不同能力需求。随着职级的提升，教育内容从基础的指挥技能逐渐转向战略层面的决策能力。

在专业差异化方面，日本自卫队设立情报学校、通信学校等专业技术院校，强化特定领域人才培养。这些专业技术院校针对情报、通信等专业领域，提供深入的专业知识和技能培训，培养具有专业特长的军事人才。

（三）法制化保障与标准化建设

外军普遍通过立法确立教育管理体系。美军颁布国防部第1322.26号指令《分布式学习的开发、管理和交付》，规范在线教育技术标准与学分认证流程；德国《军人职业发展法》规定军官每5年必须接受不少于200学时的继续教育；法国《军事教育法典》明确院校与部队在军事职业教育方面的权责划分，建立教学质量第三方评估机制。在标准化建设方面，北约制定《联合职业教育能力框架》（JEPC），统一成员国军官核心能力指标，促进教育成果互认。法治化与标准化双轮驱动，保障了教育管理的规范性与可持续性。

（四）资源配置的集约化与灵活化

面对预算约束，外军创新资源管理模式。英国实施"国防教育集群计划"，将86所院校整合为国防大学，削减43%的重复专业，年节约经费1.2亿英镑。以色列推行"模块化课程库"，各军种共享基础课程模块，差异化开发专业内容，使课程开发成本降低了35%。美军采用"浮动编制"管理教育师资，现役教官与退役专家比例控制在1∶1，既保持部队经验传承，又吸纳社会前沿知识。这种"集中管控＋灵活调配"的模式提升了资源使用效能。

同时，外军针对多样化的需求，在制度标准化的前提下，创设了灵活的教育组织管理模式，通过模块化课程设计和弹性学制满足多样化需求。美军联合部队参谋学院提供"卫星校园＋远程教育＋混合教学"3种模式，军官可根据任务安排选择学习方式。卫星校园可以让学员在不同地区接受集中教学，远程教育则为学员提供了随时随地学习的便利，混合教学模式结合了线上和线下的教学优势，提高了学习效果。法军采用"学分银行"制度，允许军官通过参加国际演习、科研项目积累学分，替代部分课程。军官可以根据自己的实际情况，选择通过不同的方式获取学分，完成学业，这增加了学员学习的灵活性。

（五）规划牵引的前瞻性

外军注重通过教育规划牵引军事技术革新和作战理论发展。在前瞻技术方面，英国国防科技实验室（Dstl）与军事院校合作开设人工智能、量子计算等课程，培养科技型指挥官。随着科技的快速发展，人工智能和量子计算等新兴技术在军事领域的应用越来越广泛，培养具备相关知识和技能的指挥官成为当务之急。

在理论前瞻方面，俄军总参军事学院设立混合战争研究中心，研究非对称作战、信息心理战等新型战争形态的教学应用。通过对新型战争形态的研究，将相关理论和方法融入教学中，使学员能够适应未来战争的变化。

（六）军民融合的开放式格局

主要国家积极拓展军事教育的社会化支撑渠道。美国依托后备军官训练团（ROTC）在300余所地方高校设立军事教研室，40%的军官来源于此；俄罗斯在55所国立大学设立军事教育中心，实行双学籍制度，学生同时获得军事与民用学位；日本防卫大学与东京大学等建立"军民技术转化联盟"，共享35个实验室。这种融合模式不仅拓宽了人才来源，更促进了军事理论与民用科技的协同创新。

三、外军军事职业教育组织管理的组织架构

外军军事职业教育以集中领导、分级管理、军民协同、国际拓展为特征，形成"国家—军种—院校"三级联动、多方参与的组织架构。其具体特点如下。

（一）集中领导与分权管理相结合

综合分析各国军事职业教育组织管理的三级领导体系，发现普遍采取了"中央集权、分级管理"的模式。建立了权责明晰的三级领导体系，通常包括"决策—执行—实施"3个功能性层级。例如，美国国防部通过参谋长联席会议统筹全军教育政策，各军种司令部负责具体实施，院校享有高度自治权。俄罗斯国防部军事教育总局统一制定教育标准，军种司令部负责本军种院校管理，形成了"联邦—军种—院校"的垂直架构。军事教育总局从宏观层面把控教育标准和质量，军种司令部负责落实和执行，院校则按照上级要求开展教学和管理工作。各层级的具体配置及特点如下。

一是战略决策层：通常由国防部或相应机构统筹全局。例如，美军由负责战备的助理国防部长制定政策；俄罗斯由国防部军事教育总局行使规划权；日本由防卫省教育局负责标准制定。

二是军种执行层：通常由各军种司令部或专设的军种训练机构负责各军种具体军事职业教育。例如，美国陆军训练与条令司令部（TRADOC）对下

辖的33所院校，统一管理教育计划；俄罗斯海军设教育训练局，直接管辖圣彼得堡海军学院等机构。

三是"院校+基地"实施层：外军军事职业教育具体实施通常由军事院校和训练基地负责。其中最具特色的做法就是构建军事院校集群，实现院校集群与训练基地的联动。例如，美国陆军设立卓越训练中心（CoE），整合本宁堡、利文沃思堡等基地，形成"教学—科研—训练"一体化枢纽。英国则将国防大学与三军指挥学院、联合部队参谋学院合并，实现资源共享。

与此同时，各国也非常重视基础训练的专业化。例如，以色列在内盖夫沙漠训练中心模拟全域战场环境，提供从单兵技能到旅级指挥的全套实训设施。日本则通过富士教导团集成陆军各兵种训练场，支持跨兵种协同演练。

（二）联合教育与军种教育互补

基于军事职业教育分层递进和联合作战的需求，世界主要军事强国都构建了联合教育与军种教育区分互补的军事职业教育体系。

联合教育机构负责跨军种的战略级人才培养，如美国国防大学、英国联合部队参谋学院。这些机构通过整合各军种的教育资源，开设联合课程，培养具备跨军种作战指挥和战略决策能力的高级人才。

军种教育机构聚焦本军种战术与技术教育，如德国联邦国防军指挥学院（陆军）、法国圣西尔军校（陆军）。这些机构根据本军种的作战特点和任务需求，开展针对性的战术和技术培训，提高本军种官兵的专业技能。

两者在军事职业教育战略决策层的统一领导下，联合互补，共同满足军事人才培养需求。

（三）军民融合的组织协同

外军军事职业教育重视整合军地资源，强调军事职业教育与国民教育的融合。例如，美国国防部与教育部联合设立军人学业成就计划（SOC），承认军事学分的高等教育转换。通过后备军官训练团（ROTC）与地方高校合作，将军事教育嵌入国民教育体系，为地方高校学生提供军事训练和军事教育，培养他们的军事素养和领导能力，同时也为军队选拔优秀的后备军官。美国国防大学向政府文职人员和国际学员开放,促进军民知识共享。俄军在地方高校设立军事教研室,为国防工业部门定向培养技术军官,实现军地教育资源互补。

在此框架内,外军还着力推动军队与地方高校和企业的合作,促进军事技术和教育的创新。例如,以色列理工学院与国防军合作开设网络战课程,企业专家参与教学与科研。通过与高校和企业的合作,军队能够获取最新的技术和知识,提高教育和科研水平;高校和企业也可以参与到军事领域的研究和发展中,实现互利共赢。日本自卫队与早稻田大学、东京工业大学等高校合作开设防务科技联合课程,推动军事技术创新。

部分国家还利用民间合作机构推动军事职业教育的军民融合。例如,德国依托弗劳恩霍夫协会为军事职业教育提供技术培训;韩国国防科学研究所(ADD)直接参与军事职业教育课程的设计。

(四)国际化与多边合作

外军军事职业教育普遍重视国际合作,着力打造国际化军队和培养国际化军事人才。因此在其军事职业教育的组织架构上,大都确定了相应的国际交流和多边合作的军事职业教育组织管理体系。一方面,重视依托军事合作组织实现军事职业教育的国际化和多边合作。例如,在北约框架下,北约联合武装力量司令部(JFC)定期组织成员国军官联合培训(如"锁盾"网络防御演习)。通过联合培训和演习,成员国之间可以分享经验和技术,提高共同应对安全威胁的能力。另一方面,则是通过国家间的军事外交和国防交流渠道,推进军事职业教育的国际交流。例如,日美通过《日美安全保障条约》设立日美联合参谋学院,共享教育资源。双方在军事教育领域的合作,不仅增进了彼此的了解和信任,也提高了双方的军事协同作战能力。新加坡武装部队与美、澳、印等国签订了《军事教育互惠协议》,实现教官互派与课程互通。

(五)独立评估与质量管控

为确保对军事职业教育评估与质量管控的科学性和有效性。一些国家还设立了专门的教育评估与监督机构。例如,美国设立了军事教育协调委员会

(MECC)定期审查院校课程，确保其符合联合教育标准；俄罗斯国防部所属的教育质量监察局通过飞行检查、学员满意度调查等方式评估教学效果；印度则通过综合国防参谋部（IDS）下设的联合训练委员会，监督三军教育计划执行；日本防卫省聘请民间教育机构（如早稻田大学教育学院）对院校教学质量进行独立评估。

四、外军军事职业教育组织管理的运行机制

外军军事职业教育的运行机制以"标准化流程、动态反馈、资源集约"为核心，确保教育体系高效运转。

（一）需求牵引的课程动态调整机制

外军军事职业教育课程的动态调整主要体现在响应作战需求和人才能力需求两个方面，为此大多数国家都建立了相应的工作机制。

一是作战需求直通机制。例如，美军建立联合需求监督委员会（JROC），每季度向院校反馈战场经验教训，要求6个月内完成课程更新；以色列总参谋部作战局直接参与院校课程设计，确保教学内容与最新战术同步。

二是能力缺口分析机制。英国国防部运用"德尔菲法"开展未来技能预测，每5年发布《军事教育优先领域》白皮书，指导专业设置调整。

（二）绩效导向的资源分配机制

在军事职业教育资源分配机制的设计上，各国均立足于本国的国防领导管理体系，建立了以绩效为导向的资源分配机制。

一是制定竞争性拨款制度。例如，德国实施的教育质量绩效拨款制度，将院校年度预算的30%与毕业生在部队任职后的评价挂钩；日本防卫省设立"教育创新基金"，用以奖励课程改革成效突出的院校。

二是建立市场化采购机制。例如，澳大利亚国防部将40%的非核心课程外包给地方教育机构，通过招标引入斯坦福大学等开发的网络战课程。

（三）数据驱动的质量管控机制

在质量管控机制的设计上，各国军队都重视信息技术和现代管理工具的应用，纷纷构建了各自的数据驱动质量管控机制。

一是建立全流程监测系统。例如，美军建立了联合教育管理信息系统（JEMIS），实时追踪学员学习轨迹，对未达标者进行预警；俄罗斯通过"数字教育护照"，记录军人终身学习数据；以军通过塔尔国防系统采集训练数据，通过 AI 分析生成个人能力图谱，为课程优化提供依据。

二是建立多维评估体系。例如，法国实行的"360 度评估法"，包含教官评分（40%）、部队实习表现（30%）、同行评议（20%）、自我反思（10%），以确保评价的客观性。

（四）多样化的激励制度

为支撑军事职业教育，各国军队结合具体国情军情，都设计了与军事职业发展同步的多样化激励制度。

一是通过绑定职业发展激励。通过将晋升与教育挂钩，激励军官积极参加职业教育，提高自身素质和能力。例如，美军规定晋升上校需完成国防大学的相关课程；法军将外语能力作为军官晋升硬性指标；以色列国防军为优秀学员提供海外研修机会；韩国规定晋升少校须完成中级指挥课程，晋升将军则需通过国家安全战略研修班考核。

二是通过荣誉表彰激励。例如，英国设立"桑赫斯特勋章"，奖励教育创新成果；俄罗斯设立"苏沃洛夫勋章"表彰教育领域的杰出贡献者，对发表顶级期刊论文的教官给予 30% 薪资补贴。

三是建立弹性学习制度。例如，日本自卫队允许官兵申请教育休假，带薪攻读学位，取得博士学位者优先提拔。

四是学位认证。例如，韩国国防大学与首尔大学合作，军官完成学业后可获军事学硕士与公共管理硕士双学位。

第三节　外军军事职业教育学习管理的做法及特点

外军军事职业教育学习管理，尤其是在线教育学习管理，是指通过现代信息技术手段，对军事职业教育过程中的学习活动进行规划、组织、协调和控制的一系列行为。这种管理模式不是仅局限于传统的课堂教学，而是通过数字化平台，将教育资源、学习活动和评估工具整合在一起，形成一个高效、灵活的学习环境。

一、技术驱动的在线学习生态系统

（一）先进信息基础设施支撑

1.量子加密通信网络

量子加密通信网是外军军事职业教育学习管理的重要技术支撑之一。通过量子加密技术，可以确保军事教育信息在传输过程中的安全性和保密性，防止信息被窃取和篡改。这对于涉及高度机密信息的军事教育来说至关重要。量子加密通信网络的应用，使得学员可以在任何地点、任何时间安全地访问学习资源，参与在线学习和交流，大大提高了学习的灵活性和便利性。此外，量子加密通信网络还为军事职业教育提供了一个高度可靠的通信平台，确保在各种复杂环境下的通信畅通无阻。这对于需要实时交流和处理紧急情况的军事教育来说，具有重要意义。通过量子加密通信网络，外军军事职业教育学习管理能够更好地实现信息的实时传递和共享，提高教育管理的效率和效果。例如，美军的国防教育网络（DEN）部署了覆盖全球的量子密钥分发（QKD）主干网，采用BB84协议实现1.2 Tbps安全传输速率。其西雅图—科罗拉多州量子中继站间距达1200千米，误码率低于1.5%，可抵御量子计算攻击。DEN构建了覆盖全球的分布式架构，部署60个区域数据中心形成环状互联，采用思科ASR 9000系列路由器实现1.2 Tbps总带宽。核心节点设在科罗拉多州北美防空司令部，通过量子加密技术保障数据传输安全。其全球信息栅格（GIG）系统整合卫星通信、光纤网络和战术数据链，支持单兵终端最低 50 Mbps 的接入速度。俄罗斯军事教育云平台整合了"格洛纳斯-M"卫星星座，提供 10 GB/s 的星地双向带宽，确保北极地区作战部队的实时接入。军事教育云平台混合云架构中，私有云部分部署于莫斯科郊外的 7 个军事数据中心，利用华为鲲鹏 920 处理器构建超大规模并行计算集群，可承载每秒 100 万次并发操作。

2.高速军用光纤网络

高速军用光纤网络是支撑外军军事职业教育信息传输的重要基础。其大容量、长距离、低损耗的传输特性，使得大量的教育资源能够快速、高效地在各类军事院校和作战单位之间流通。这种高效的传输能力为军事教育提供了坚实的保障。无论是在传输高清视频课程时，还是在运行复杂模拟训练软件的过程中，抑或是实时战术数据的传递，高速军用光纤网络都能够提供稳定、可靠的网络环境。这极大地提升了军事职业教育的教学质量和训练效果。稳定和高速的网络连接，使得学员无论身处何地，都能及时获取所需的培训资料和最新的战术信息。这不仅提高了教育的便捷性，还显著增强了训练的实效性，使得军事人员在面对复杂多变的战场环境时，能够做出更为迅速和准确的响应。此外，高速军用光纤网络还促进了军事院校和作战单位之间的信息共享与协同工作。通过这一网络平台，不同部门可以实时交流，共同研讨最新的战术和战略，从而提升整体作战能力。高速军用光纤网络的可靠性还确保了在重要军事行动中，命令和信息能够准确无误地传达，保障了军事行动的顺利进行。

总而言之，高速军用光纤网络在现代军事职业教育中扮演着不可或缺的角色。它不仅是教育资源传输的高速通道，更是提升军事训练质量和作战能力的重要基石。例如，英国"数字军营"项目部署了爱立信 Ericsson Radio System 5G NR 设备，采用 3D-MIMO 技术实现 2000 个基站密集组网，其空时分组多址（STDMA）技术使单小区峰值吞吐量达 10 Gbps，时延低于 3 ms，支持 4K 流媒体实时传输。日本自卫队"J-Net"5G 网络采用华为 Mate Xs 2 折叠屏终端，支持士兵在单兵装备中实时接收 4K 级战场影像。以色列国防军的"云教育矩阵"部署在多个地理冗余的设施中，采用甲骨文

Exadata 数据库实现 PB 级数据处理能力。其独特之处在于整合了机载预警系统（AWACS）实时数据接口，学员可同步获取空中作战态势。

3.智能终端设备普及

随着智能终端设备的普及，外军军事职业教育的学习方式发生了深刻的变化。士兵们可以通过智能手机、平板电脑、便携式计算机等设备，随时随地进行在线学习。这一变革不仅使得学习不再受限于特定的时间和地点，还大幅提高了学习的效率和质量。这些智能终端设备不仅具备强大的计算能力和丰富的多媒体功能，还能够根据士兵的学习需求和兴趣爱好，提供个性化的学习推荐和内容推送。通过大数据分析和人工智能技术，这些设备能够精准判断士兵的知识薄弱点，并有针对性地提供补充材料和强化训练，从而帮助士兵更高效地掌握所需知识和技能。同时，智能终端设备还支持离线学习功能，使得士兵们在没有网络连接的情况下也能继续进行学习。这一功能尤其适用于野外训练、实战演习等网络条件受限的场合，极大地提高了学习的灵活性和便捷性。士兵们可以在任何时间、任何地点，根据自己的时间安排和学习进度，自由地选择学习内容，并随时复习和巩固已学知识。此外，智能终端设备还集成了多种互动学习工具，如在线测试、虚拟实验室、模拟训练等，进一步丰富了学习形式，增强了学习的趣味性和实践性。士兵们可以通过这些工具进行自我评估，了解自己的学习成效，及时调整学习策略。同时，这些设备还支持团队合作学习，士兵们可以在线上与队友进行交流和协作，共同完成复杂的训练任务。

总体而言，智能终端设备的普及为外军军事职业教育带来了前所未有的机遇。它不仅打破了传统学习的时空限制，还通过个性化推荐、离线学习、互动工具等多种方式，极大地提升了学习的效率、质量和灵活性，为士兵的全面发展提供了坚实的技术支持。例如，美国国防高级研究计划局"马赛克战争（DARPA）"概念推动建立去中心化学习网格，单个节点故障不影响整体运行。德国国防军的 eBildungszentrum 平台采用 Apache Kafka 消息队列实现异步数据传输，日均处理 1200 万条训练记录。以色列"云教育矩阵"部署了 32 个地理冗余设施，采用甲骨文 Exadata 数据库实现 PB 级数据处理能力。澳大利亚国防军的"联合数字"学习平台通过国防卫星通信网（DSCN）

连接南太平洋14个岛屿基地,采用华为存储系统保存超过50PB的训练数据。

(二)智能学习管理系统

1.云计算平台构建知识图谱

云计算平台在外军军事职业教育中扮演着至关重要的角色,它提供了强大的数据存储、处理和分析能力,有效支持了教育资源的整合和管理。这一平台能够将各类学习资源,如视频课程、电子教材、模拟训练软件等集中存储和管理,使教育资源更加系统化、便捷化。同时,它还具备高效的数据处理能力,可以快速分析士兵的学习情况和表现,为教育机构提供精准的教学评估和个性化的教学方案制定依据。通过云计算平台,教育机构能够全面掌握士兵的学习进度、优势和不足,从而根据个体差异制订更具针对性的教学计划,提高教学效果。此外,平台还支持多用户同时在线学习和交互协作,这使得士兵们能够在不同的时间和地点进行协同学习和交流讨论,打破了传统教育的时空限制。具体而言,士兵们可以通过云计算平台随时访问所需的学习资源,参与在线课程和讨论,与教官和战友进行实时交流。这不仅提高了学习的灵活性和便捷性,还促进了士兵之间的互动与合作,培养了团队协作精神。此外,平台还提供了丰富的学习工具和资源,如在线测试、模拟练习、案例分析等,有助于士兵巩固所学知识,提升实战能力。

云计算平台的应用极大地提升了军事职业教育的效率和质量。它使得教育资源得以充分利用,教学评估更加科学精准,教学方案更加个性化,学习过程更加灵活高效,士兵们的综合素质和战斗力也得到了显著提升。例如,美军的ALMS系统集成IBM Watson教育大脑,构建包含187个知识节点的军事能力图谱。该图谱通过SPARQL查询引擎实现跨领域知识关联,将城市作战与电子战等17个相关概念建立双向推理边。俄罗斯军事教育云平台的知识图谱包含230万个实体和1500万条关系,采用Neo4j图数据库实现毫秒级查询响应。

2.人工智能辅助教学系统

人工智能辅助教学系统在外军军事职业教育中占据着举足轻重的地位。它能够全面分析士兵的学习历史、能力和偏好,从而为每一位士兵量身定制个性化的学习计划。这种精细化的服务不仅极大地增强了学习的针对性和有效性，也提高了士兵的学习效率。人工智能系统具备实时监测功能，能够时刻跟踪士兵的学习进度和效果。通过精准的数据分析，系统可以进行针对性的辅导和反馈，帮助士兵及时弥补知识漏洞，强化学习重点。此外，人工智能辅助教学系统还具备自动化评估功能，能够对士兵的学习成果进行全面、客观和准确的评价。这不仅极大地提高了评估的公正性和科学性，还减轻了教师的负担。

这些显著的优势使得人工智能辅助教学系统在军事职业教育中得到了广泛的应用和高度的认可。它不仅提升了士兵的整体素质，也为教育管理带来了前所未有的便利和效率。在未来，随着人工智能技术的不断进步，这一系统无疑将在军事职业教育中发挥更加重要的作用。例如，韩国军队的军事教育云平台运用三星电子 Neon AI 框架，基于 3.2 亿条学习行为数据建立预测模型。其自适应引擎能根据学员的 21 项能力指标（含反应速度、空间想象力等）生成个性化学习路径，使新兵基础训练周期缩短 25%。日本自卫队的 JLETS 系统采用 Fujitsu A64FX 处理器实现每秒 4.3 亿次浮点运算，通过脑电波传感器实时调整课程难度。

3.区块链技术辅助军事训练行为分析

区块链技术在外军军事职业教育中的应用，主要体现在数据的安全性和可追溯性两个方面。这一技术的引入，为士兵的学习记录和成绩管理带来了革命性的改变。通过区块链技术，士兵的学习记录和成绩能够得到永久保存和验证，防止数据被篡改或丢失。这意味着每一位士兵的努力和成绩都能够被真实、准确地记录下来，无论是在日常训练中还是在实际作战环境中，他们的学习成果都能得到公正的评价和认可。这种数据的安全性和可追溯性不仅有助于确保士兵的学习成果得到公正的评价和认可，还能够为他们的职业发展和晋升提供可靠的数据支持。在军事职业发展的道路上，每一次培训和考核都是至关重要的，区块链技术确保了这些关键数据的安全性和真实性，为士兵的晋升提供了有力的依据。同时，区块链技术还能够实现教育资源的共享和交换。在军事职业教育中，各种培训资源、教材和课程都是宝贵的财富。通过区块链技术，这些资源可以在不同的部队和机构之间进行安全、高效的共享和交换。这不仅提高了教育资源的利用效率，还能够确保资源的真实性和可靠性，避免了资源重复建设和浪费的现象。

此外，区块链技术还可以为军事职业教育提供更加个性化的学习方案。通过对士兵学习数据的分析和挖掘，可以了解每一位士兵的学习需求和特点，从而为他们提供更加符合个人需求的学习内容和计划。这种个性化的学习方式不仅能够提高士兵的学习兴趣和积极性，还能够提高学习效果和培训质量。例如，美国海军虚拟舰艇作战系统部署了 NVIDIA Omniverse 平台，每秒处理 12 GB 传感器数据。其机器学习模型能识别 2000 种典型操作失误模式，可通过分析舰炮射击偏差预测装备维护需求。印度陆军的 Swadhar Ganga AR 训练平台整合了 Tata Consultancy Services 的决策树模型，可模拟 1000 种地下作战场景。

（三）虚拟现实和增强现实教学场景

虚拟现实和增强现实技术在外军军事职业教育中的应用，正逐渐改变士兵们接受训练的方式，为他们提供了前所未有的沉浸式学习体验。通过虚拟现实技术，士兵仿佛置身于真实的战场环境中，能够进行高度实战化的模拟训练。这种训练方式不仅大幅提升了士兵们的应变能力和作战技能，还有效减少了实际训练中所需的资源并降低了潜在风险。增强现实技术则进一步将现实场景与虚拟信息无缝结合，为士兵们提供实时的战术指导和关键信息支持，从而提升他们的作战效率和决策能力。在虚拟现实训练中，士兵可以体验到各种复杂的战场情况，包括城市作战、丛林战斗及沙漠环境等。这种身临其境的训练环境能够让士兵在安全的环境下熟悉不同战场的特点，提高他们在真实战场上的适应能力。同时，通过模拟多种可能的战场突发情况，士兵们能够学习如何快速有效地应对各种威胁。而增强现实技术通过在士兵的视野中叠加实时数据，如敌我位置、战场地图和战术指示等，使士兵能够更清晰地了解战场态势，做出更明智的决策。AR 设备还可以提供实时的武器操作指导和故障排除建议，帮助士兵在紧急情况下迅速解决问题，保持战斗力的连贯性。此外，这些技术还可以用于战后总结和复盘。通过回放训练过程中的虚拟现实记录，指挥官和士兵可以一起分析作战中的优缺点，制定更有效的作战策略。这种基于数据的复盘方式能够使训练效果更加明显,进一步提升部队的整体战斗力。

虚拟现实和增强现实技术在军事职业教育中的应用,不仅革新了传统的训练模式,还为士兵们提供了更加多样化、更加高效的学习和训练手段,使他们在面对真实战场时更加自信和从容。例如,日本自卫队的 VTS 系统配备 HTC Vive Pro 头显和 Valve Index 控制器,分辨率达 2448×2448,视场角 110°。其开发的"城市作战 VR 沙盒"包含东京、大阪等 12 个典型城市的三维建模,建筑物细节精确到窗户纹理级别,连路灯材质都采用真实采集数据。法国陆军的 AR 训练系统采用 Microsoft HoloLens 2 设备,通过空间锚定技术实现厘米级战场态势投射。士兵佩戴单目镜片即可查看叠加的敌方兵力部署热力图,系统还集成 BAE Systems 的 AN/PRC-155 无线电通讯模拟模块,可模拟 200 种真实频段通信场景。美国海军的虚拟舰艇作战系统部署在 10 艘宙斯盾驱逐舰上,通过 NVIDIA Omniverse 平台实现全舰虚拟化训练。该系统可模拟包含 2000 个交互实体的航母编队作战场景,每秒处理 12 GB 的传感器数据。印度陆军的 Swadhar Ganga AR 训练平台采用 Tata Consultancy Services 的增强现实解决方案,士兵通过智能眼镜可查看地下排水管网的三维剖面图,系统还整合了地理信息系统(GIS)数据,以实现实时路径规划。

二、自主学习与个性化发展机制

在外军军事职业教育与人才培养领域,自主学习与个性化发展机制已成为提升军事人员综合素质和作战能力的关键。

(一)微证书体系构建

1.模块化课程设计

微证书体系的构建基础是科学合理的课程设计,而模块化课程设计则是其中的核心环节。以美军 SkillBuilder 系统为例,该系统精心打造了 217 个纳米学位课程,为军事人员提供了丰富多样的学习选择。每个课程都严格遵循

SCORM 2004 标准进行构建,确保课程的标准化和规范性。这些课程被细分为 5 个模块化单元,每个单元都有明确的课程目标和学习要求。以"无人机侦察"课程为例,它是一个具有代表性的模块化课程。该课程包含以下 5 个精心设计的单元。

法规伦理(20 学时):此单元着重培养学员在无人机侦察领域的法律意识和伦理观念。通过深入学习相关国际法规、国内法律及军事伦理准则,学员得以明确在无人机侦察行动中应遵循的规范和界限,确保行动的合法性和正当性。

飞行操控(40 学时):飞行操控是无人机侦察的基础技能。在这一单元中,学员将通过理论学习与实际操作相结合的方式,掌握无人机的基本飞行原理、操控方法和技巧。课程设置了丰富的模拟飞行训练和实地飞行实践环节,使学员在安全的环境中逐步提升飞行操控能力。

情报分析(30 学时):无人机侦察获取的大量数据需要进行有效的情报分析。本单元教授学员运用先进的数据处理技术和情报分析方法,从海量的图像、视频等数据中提取出有价值的情报信息,为作战决策提供支持。

实战演练(60 学时):实战演练是提升学员实际应用能力的关键环节。在这一单元中,学员将参与模拟的侦察任务,将所学的法规伦理、飞行操控和情报分析等知识综合运用到实际情境中,锻炼在复杂环境下执行侦察任务的能力。

考核认证(10 学时):考核认证是对学员学习成果的最终检验。通过严格的理论考试和实际操作考核,确保学员具备相应的能力和素质,获得微证书。

上述课程视频均采用索尼 A7S Ⅲ 摄像机 4K 画质拍摄,支持杜比全景声多角度回放。

2.区块链认证体系

区块链技术以其去中心化、不可篡改和高度透明等特性,为外军军事职业教育领域的证书认证提供了更加安全、可靠的解决方案。新加坡武装部队(AFNS)的"技能积木"系统便是这一技术的成功应用案例。该系统基于 Hyperledger Fabric 框架构建,能够存储超过 12 万份数字证书。每份证书都包含了 23 项细粒度能力指标，这些指标详细地描述了持证人所具备的各项技能和能力水平。例如，网络攻防徽章包含了端口扫描、漏洞利用等 8 个子项认证。这种细粒度的能力指标描述，能够更加准确地反映持证人的专业技能和特长，为用人决策提供有力支持。

此外，该系统还与国防科技大学主导的 AI 实验室实现了联动。通过这种联动机制，系统能够实现技能认证与装备操作许可的自动关联。例如，当一名学员通过某一特定装备操作技能的认证后，系统将自动为其颁发相应的装备操作许可，提高了认证效率和准确性，避免了人为因素可能带来的误差。

3.游戏化激励机制

游戏化激励机制在外军军事职业教育中发挥着独特而重要的作用，能够激发学员的学习兴趣和积极性，提高学习效果。德国国防军的 BattleSimulator 游戏就是一个典型的例子。该游戏引入了丰富的经济系统，学员在游戏中通过完成任务、参与战斗等方式获取虚拟货币。这些虚拟货币具有实际价值，可用于兑换限量版战术装备模型，这不仅增加了学员对游戏的投入度，也为他们提供了一种独特的荣誉感和成就感。在游戏中，玩家通过完成"红海护航"任务链等一系列具有挑战性的任务，可以解锁"宙斯盾"作战模拟器权限。这是一种极具吸引力的激励方式，能够让学员在追求解锁权限的过程中，更加深入地学习和掌握相关军事知识和技能。

此外，游戏的成就系统包含了 127 个勋章，涵盖了各个方面的优秀表现。例如，获得"全频谱战士"称号的学员，表示他们在各方面都表现卓越，具备全面的专业能力和综合素质。这些学员有机会参与北约联合演习策划，这为他们提供了更广阔的发展空间和实践机会，进一步激发了学员的学习动力和竞争意识。德国国防军的"混合指挥官培养计划"结合慕尼黑工业大学开发的决策支持系统（DSS），为学员提供了一个高度逼真的虚拟指挥环境。在虚拟指挥所中，学员需要处理包含 2000 个变量的实时态势图，这对他们的决策能力、指挥能力和应变能力是巨大的考验。该系统整合了欧洲空天监视组织（ESA）的卫星数据接口，能够模拟从和平时期到全面冲突的不同危机场景，使学员在各种复杂环境下都能得到充分的锻炼。同样，日本陆上自卫队的跨域作战训练平台也独具特色。它将富士通的数字孪生技术与小松建筑的工程仿真技术巧妙结合,创建了一个陆海空联合作战的超现实训练环境。在这个环境中,学员可以进行各种复杂的联合作战训练,体验真实的战争场景,提高协同作战能力和应对复杂情况的综合能力。

(二)混合式学习模式创新

混合式学习模式融合了线上学习和线下实践的优势,为外军军事职业教育带来了全新的体验和发展机遇。俄罗斯的 Blended Education Framework 建立了3层混合教学体系。

基础理论层(40% 在线 MOOCs):学员首先通过在线 MOOC 平台学习基础理论知识,如在"空天防御"课程中,通过 edX 平台学习弹道学原理。这种方式突破了时间和空间的限制,学员可以根据自己的学习进度和需求,随时随地进行学习。

战术应用层(30% 虚拟仿真):在掌握基础理论知识后,学员进入虚拟仿真环境进行战术应用训练。例如,在"空天防御"课程中,学员进入俄航天集团开发的"宇宙—2025"模拟器进行轨道交会对接训练。虚拟仿真环境能够提供高度逼真的场景和操作体验,让学员在安全的环境中反复进行实践,提高战术应用能力。

实战检验层(30%):最后,学员要赴普罗霍罗夫卡靶场完成实弹拦截演练等实战任务。通过实际操作和实战演练,学员得以将所学的理论知识和战术技能应用到真实场景中,以检验和提升自己的实战能力。

英军的 Sandhurst Online 项目采用翻转课堂教学法,为学员提供了一种全新的学习方式。学员在课前通过 edX 平台完成《孙子兵法》等战略课程学习,在课堂上不再进行传统的知识传授,而是全部用于推演北约快速反应机制。这种教学方法充分发挥了学员的主动性和积极性,让他们在自主学习的基础上,通过课堂互动和实践操作,更加深入地理解和掌握所学知识。此外,课程考核方式也独具特色。考核包括 AI 生成的动态情景模拟,系统会根据学员的决策生成 300 页分析报告,其中 70% 的内容由 GPT-4 自动生成。这种考核方式能够全面、客观地评价学员的学习成果和决策能力,为学员的个性化发展提供有针对性的指导和建议。

(三)终身学习账户制度

终身学习账户制度为军事人员的持续学习和职业发展提供了有力的支持和保障。美军 PMEA 账户为学员提供了初始额度为 5000 美元的经费支持,涵盖了课程订阅、虚拟装备租赁等 12 项消费类别。这不仅满足了学员不同方面的学习需求,还鼓励他们积极探索和实践新的学习方式和技能。同时,账户余额还可通过完成特殊任务(如担任教学助理)额外获得 15% 的奖励。这种激励机制激发了学员的积极性和责任感,促使他们在学习过程中更加主动地参与各种教学活动和实践任务,提高自身的综合素质和能力。日本防卫省的终身学习账户系统接入索尼 ATV 平台,为官兵提供了丰富多样的消费选择。他们可以用积分兑换任天堂 Switch 军事策略游戏《战争机器》的限时使用权,这种独特的奖励方式不仅丰富了官兵的课余生活,还通过游戏的方式增强了他们的军事思维和战略意识。

更值得一提的是,终身学习账户数据与日本自卫队人力资源系统直连。这为军官晋升提供了量化评估依据,能够更加客观、准确地反映军官的学习成果和职业发展情况,激励他们在军事生涯中不断学习和进步,为军队的建设和发展贡献更大的力量。

三、动态绩效管理与评估体系

在外军军事职业教育中,动态绩效管理与评估体系对于提高军事人员的作战能力、优化训练效果具有至关重要的作用。外军在这方面进行了诸多创新与实践,通过先进的技术和科学的方法,构建了全方位、多层次的动态绩效管理与评估体系。

(一)军事能力预测模型

1. 多源数据融合分析

在军事能力预测模型的构建中,多源数据融合分析是关键环节。美军的 JRS 系统堪称这方面的杰出范例,它集成了来自 Link-16 数据链、ISR 侦察机及单兵装备等共计128个数据源的海量信息。这些丰富的数据来源涵盖了军事行动的各个层面，为全面评估军事人员的能力提供了坚实基础。

系统基于这些多源数据，构建了一个包含装备熟练度、战术决策、团队协作等多个维度的综合评估模型。这个评估模型犹如一个精密的"军事能力分析仪"，能够全方位、立体式地剖析军事人员的各项能力指标，为预测其未来表现提供了可靠的依据。

其中，技能衰减指数算法是该系统的一大亮点。该算法巧妙地采用了指数衰减函数，通过对历史数据的深入分析和挖掘，能够准确地预测某型导弹射手在3年后的操作合格率变化趋势。这一预测功能对于军事训练计划的制订和调整具有重要意义，它能够帮助军事决策者提前预知可能出现的问题，及时调整训练策略，确保导弹射手始终保持高水平的作战能力。

2.生理特征监测技术

生理特征监测技术为军事人员的能力评估提供了另一种独特的视角。以色列国防军的Learning Analytics平台通过部署先进的心率变异性（HRV）监测设备，深入探索军事人员在训练过程中的生理反应。在经过对2000名学员的大规模训练数据收集和分析后，成功建立了压力响应模型。

在这个模型中，当HRV值低于50ms这一关键阈值时，系统会自动触发减压训练模块。这一智能化的机制能够及时发现学员在高强度训练过程中的潜在压力问题，并有针对性地提供减压训练方案。实践证明，该机制的实施使得演习事故率大幅下降，下降幅度高达37%，有力地保障了军事训练的安全性和有效性。

类似地，土耳其陆军"数字训练护照"也融合了先进的生理特征监测技术。其中，集成了Aselsan公司的虹膜识别系统，能够通过精确捕捉瞳孔直径的微小变化，精准检测出高达87%的疲劳驾驶倾向。这一技术的应用，使得军事人员能够在日常训练中及时了解自身的疲劳状态，合理安排训练和休息时间，从而提高训练效果和军事行动的安全性。

（二）游戏化评估体系

1.多智能体仿真系统

游戏化评估体系在外军军事职业教育中发挥着独特的优势，其中多智能体仿真系统是这一领域的重要组成部分。美国的 Virtual Squadron 项目在这方面展现出了卓越的技术实力和创新精神。

该项目部署了先进的 NVIDIA Omniverse 平台，构建了一个包含 5000 个交互实体的庞大虚拟战场。在这个虚拟环境中，各种军事元素相互关联、相互作用，形成了一个高度逼真的战争模拟场景。系统的评估算法通过强化学习技术，对决策树进行优化，使得学员在面对复杂的战场情况时，决策失误率从传统训练的 42% 显著降低至 19%。

更为重要的是，该系统每次训练后能够生成详细的分析报告，报告中包含数百页内容和数十个改进建议。这些分析报告经过了精心设计和整理，涵盖了学员在训练过程中的各个方面的表现，为学员的自我提升和教练的教学计划改进提供了丰富而全面的参考。值得一提的是，其中 78% 的改进建议被指挥官采纳，这充分体现了该系统分析结果的科学性和实用性。

2.区块链训练记录

区块链技术以其去中心化、不可篡改和高度的安全性等特性，为军事训练的记录和管理带来了全新的变革。韩国海军的"蓝鲸"潜艇模拟器在这方面进行了有益的尝试。

该模拟器采用以太坊区块链平台记录训练数据，为每一次操作生成唯一的哈希值。这种唯一标识的方式确保了训练数据的完整性和真实性，避免了数据被篡改或伪造。同时，系统中的智能合约能够自动执行奖励机制，极大地提高了学员参与训练的积极性和主动性。在这一创新的激励机制下，逃生演练通过率从 68% 大幅提升至 94%，彰显了区块链技术在军事训练管理中的巨大潜力。

（三）远程督导与质量管控

为了确保外军军事职业教育的质量，构建了远程督导与质量管控体系。

例如，英国的 GEO 系统在这方面进行了积极的探索和实践。其 AI 督学机器人搭载了性能强大的 NVIDIA DGX 服务器，并配备了 16 个高清摄像头，能够实现对课堂的全方位、无死角监控。更为关键的是，其视觉识别模型经过了对 180 万帧教学视频的海量数据训练，具备了极高的识别精度。这一智能视觉识别系统能够准确识别走神（头部偏移 > 15°）、打瞌睡（瞳孔直径变化 > 30%）等 23 种课堂异常行为，一旦发现异常，督学机器人将及时提醒相关人员进行干预和调整，确保课堂教学的质量和效果。

俄罗斯的 MEO 教研室同样在远程督导与质量管控方面取得了显著成绩。该教研室采用了华为昇腾 Atlas 800 推理服务器，构建了包含 3000 个教学特征的知识图谱。系统通过将教学视频与标准教案进行深入对比和分析，能够自动生成涵盖 72 项评分细则的详细质量评估报告。这份报告不仅对教学质量进行了全面、客观的评价，还为教学改进提供了具体的指导和建议，有力地推动了俄罗斯军事教育和训练水平的不断提升。

四、跨域资源整合与共享机制

在当今全球化和军事技术飞速发展的时代，跨域资源整合与共享已成为提升军事职业教育质量和作战效能的关键因素。各国军队纷纷探索和实践各种创新机制，以实现多军种、跨地区乃至军民之间的资源高效整合与共享。

（一）多军种知识图谱共建

一是北约的 SEPES 知识图谱。北约的 SEPES 知识图谱作为多军种知识整合的杰出范例，采用了先进的 Neo4j 图数据库。该数据库具备强大的数据存储和处理能力，能够容纳超过 170 万条军事概念关系，为军事知识的全面呈现和深度挖掘提供了坚实基础。在节点设计方面，各军事概念之间建立了双向推理边。这一创新设计使得知识图谱具有高度的智能性和关联性。例如，当某课程获得荷兰陆军认证时，系统能够依据双向推理边的逻辑关系，自动为比利时陆军生成适配建议。这种自动化的适配机制极大地提高了军事教育资源的利用效率，减少了人工干预和协调成本，确保了不同军种之间的训练内容和标准的一致性和连贯性。此外，该知识图谱还集成了 SPARQL 查询引擎，支持跨语言语义的搜索功能。这一功能在多语言军事交流和合作中发挥了重要作用。例如，在实际应用中，它能够实现俄语中"电子战"与英语中"EW"概念的自动映射，打破了语言障碍，使得不同国家和地区的军事人员能够更加便捷地获取全球范围内的军事知识和信息。

二是美军 JCS 知识云平台。美军 JCS 知识云平台则采用了 Apache Jena 框架，通过 Federated Learning 技术实现了对 18 个军种训练数据的聚合。这一技术的应用使得平台能够充分整合各军种的特色训练资源，形成庞大而丰富的军事知识宝库。在实际运行过程中，该平台日均处理分析请求高达 270 万次，展现出了卓越的信息处理性能和稳定性。更为重要的是，它能够精准识别出跨军种 83% 的共性训练需求。这一成果为军事训练的标准化和规范化提供了有力支持，有助于提高各军种之间的协同作战能力和整体战斗力。

三是日本防卫省的 APEL 平台。日本防卫省的 APEL 平台在多军种知识图谱共建方面也有着独特的贡献。该平台积极整合了剑桥大学、麻省理工学院等 28 所顶尖院校的在线课程，极大地丰富了军事教育资源的内容和形式。特别值得一提的是，平台增设了《人工智能伦理与军事应用》等前沿领域课程，紧跟时代发展步伐，培养适应未来战争需求的新型军事人才。同时，平台提供日英双语界面，方便了不同语言背景的军官学习。目前，该平台上注册的军官已突破 12.7 万人，其中 37% 的军官选择学习《网络空间作战法律框架》，这充分体现了该平台在军事教育领域的广泛影响力和吸引力。

（二）国际军事教育资源池

一是美国的 D2S 平台。美国的 D2S 平台接入了 Coursera、edX 等 9 个主流 MOOC 平台，通过定制化 API 筛选出 3200 门军事相关课程，构建了一个庞大而丰富的国际军事教育资源库。为了满足不同用户的个性化学习需求，资源库采用了智能推荐算法。该算法能够根据用户的服役年限、专业背景等因素，为用户生成个性化的学习包。例如，针对 F-35 飞行员课程，系统会优先推荐 MIT 的《空气动力学导论》和洛克希德·马丁公司的技术白皮书，这种精准的推荐机制有助于提高学习效果，使军事人员能够更加高效地获取和掌握与自身专业相关的知识和技能。

二是日本防卫省的 APEL 平台。日本防卫省的 APEL 平台在整合国际军事教育资源的基础上，还进行了创新性的拓展。该平台整合了索尼 ATV 平台，允许官兵用积分兑换任天堂 Switch 军事策略游戏《战争机器》的限时使用权，这种独特的激励机制激发了官兵的学习积极性。同时，账户数据与自卫队人力资源系统直连，为军事人员的绩效评估和职业发展提供了更加全面和准确的依据。

三是欧盟"地平线欧洲"计划资助的 M-Learning 项目。欧盟"地平线欧洲"计划资助的 M-Learning 项目构建了跨大西洋军事教育资源库，整合了北约 6 个成员国 200 所军事院校的课程资源。平台采用区块链技术实现学分互认，已完成 17 门课程的等效性认证。这一创新举措打破了传统军事教育体系中学分互认的障碍，促进了不同国家和地区军事教育资源的共享和交流，为军事人员的国际化培养和发展提供了有力支持。

四是新加坡武装部队的"虚拟国防学院"。新加坡武装部队的"虚拟国防学院"接入联合国和平大学在线课程，学员可学习《国际人道法》等通识课程。表现优异者还可获得联合国维和行动推荐信，这不仅提高了学员的综合素质和国际视野，也为新加坡军队参与国际维和行动提供了人才储备和支持。

（三）军民融合技术生态

1. 商业平台军民融合

美军与微软 Azure 合作搭建的国防教育云平台采用了混合部署模式，这种模式充分发挥了军用数据中心和商业云各自的优势。核心作战系统部署在军用数据中心，确保军事数据的安全性和保密性；培训系统则运行在微软 Azure 商业云上，借助其强大的计算能力和全球 100 个区域的算力支持，为军事教育提供了高效、灵活的服务。

同时，该架构通过零信任安全模型实现数据隔离，在保障军事数据安全的前提下，实现了军民资源的深度融合和共享。韩国陆军的 military metaverse 项目则整合了三星 Galaxy S24 的 XR 摄像头与 LG ThinQ AI 芯片，单设备算力达到 4TOPS，可同时渲染 8 个虚拟战场场景，为军事训练提供了更加逼真和高效的虚拟环境。

2.商业平台深度集成

美军 D2S 平台将亚马逊 AWS 教育云服务纳入采购体系，利用其弹性算力支撑突发性培训需求。其"Marketplace"商店提供 3200 门军事课程，其中 78% 来自微软、LinkedIn Learning 等商业平台。这种深度集成充分利用了商业平台的资源和优势，为军事教育提供了更加丰富和多样化的课程选择。

3.国际标准统一体系

为了实现跨域资源的无缝对接和共享，国际上也在积极推动标准的统一。北约 SEPES 知识图谱采用 OpenC2 指令集标准，实现跨军种指令语义统一。例如，SPARQL 查询引擎支持俄语"电子战"与英语"EW"概念的自动映射，查询响应时间低于 800 毫秒，大大提高了信息检索和处理的效率。

欧盟"地平线欧洲"计划的 MILearn 项目构建了跨大西洋的课程互认框架，已完成了 17 门课程的等效性认证，为欧洲和北美地区的军事教育资源共享和交流奠定了坚实基础。

（四）战术数据实时共享

1.传感器网络互联

美国海军的联合全域指挥控制（JADC2）系统整合了 6000 个战术传感器，实现了从单兵装备到航母编队的数据贯通。其数据中继卫星提供每秒 2GB 的传输速率，为海量战术数据的实时传输提供了强大的支持，确保了无人机群与前线部队之间的实时态势共享。

以色列"铁穹"系统将防空导弹的实时拦截数据接入在线教育平台，学员可分析 2023 年加沙冲突中的 127 次导弹成功拦截案例。这种将实战数据引入教育平台的方式，使学员能够更加直观地了解和掌握实际作战中的战术应用，提高了军事教育的针对性和实效性。

2.数字孪生战场应用

北约"坚定正午"核演习首次引入全要素数字孪生指挥系统，模拟包含 3000 个实体的核威慑博弈场景。该系统可预测对手决策倾向,自动生成包含 1200 个变量的最优应对方案,为军事决策提供了更加科学和准确的依据。

五、持续演进的适应性管理

在当今快速变化的军事环境下,持续演进的适应性管理对于保持军事职业教育的先进性、有效性至关重要。各国军队纷纷探索和应用一系列创新的管理机制和技术手段,以确保军事教育系统能够灵活应对各种挑战,不断提升军事人员的综合素质和作战能力。

(一)敏捷课程更新机制

1. DevOps军事化改造

DevOps 理念在军事领域的应用为课程更新提高了效率并带来了前所未有的灵活性。美军 ALMS 系统作为这一领域的典范,采用持续交付(CD)流水线,实现了课程更新周期的大幅缩短。从传统模式下的 6 个月缩短至令人惊叹的 72 小时,这一变革使得军事教育能够更加及时地跟上技术发展和作战需求的变化。

其中,"数字孪生课程"功能更是为教学方案的优化提供了强大的支持。开发者可以在虚拟环境中对教学方案进行全面而细致的测试,提前发现潜在问题并进行调整。例如,某新型无人机操作课程通过该机制,将原本漫长的开发周期缩短了 60%,大大提高了课程的开发和交付速度,确保了新装备和新战术能够迅速转化为实际的教学内容,为军事人员提供了更加及时、有效的培训。

德国联邦国防军的"课程工厂"创新中心则将人工智能引入教学内容生成领域。其GPT-4教学写作助手具备强大的自动生成能力,能够根据预设的规则和要求,自动生成包含 5000 字教案、30 个互动问题的完整课程包。这一创新举措不仅减轻了教育工作者的负担,还提高了教学内容的标准化和规范化水平,为军事职业教育的规模化发展提供了有力保障。

2.军事AI训练数据治理

军事 AI 训练数据的质量和治理水平直接关系到军事职业教育和训练的效果。韩国陆军的"智能课程生成系统"在这方面进行了深入探索和实践。该系统构建了一个规模庞大的标注数据集，包含 200 万条士兵训练日志。通过对这些数据的深入挖掘和分析，系统能够更好地了解士兵的学习情况和需求，为个性化教学提供有力支持。

同时，系统采用迁移学习技术实现知识的快速迭代。其精心设计的数据清洗管道包含 12 个处理步骤，能够自动识别噪声数据并完成概念漂移补偿。这一系列措施确保了训练数据的准确性和可靠性，为军事 AI 模型的训练和优化提供了坚实的基础。

印度陆军的"战争迷雾"训练系统同样在训练数据治理方面表现出色。该系统部署了 NVIDIA DGX 服务器，为数据处理和分析提供了强大的计算能力。其训练数据集规模巨大，包含 50TB 的战场影像和 3000 万条自然语言指令。这些丰富多样的数据能够为军事人员构建更加真实、全面的训练场景，有助于提高他们在复杂环境下的作战能力。

（二）技术应急响应体系

1.分布式容灾架构

分布式容灾架构是保障军事职业教育系统在面对各种灾难和故障时能够持续运行的关键技术。英国 DRO 系统的"数字方舟"灾难恢复中心采用戴尔 PowerEdge 服务器集群，具备强大的应急处理能力。在遇到紧急情况时，该中心能够在 15 分钟内接管全军在线教育系统，确保军事职业教育不受影响。其"多云灾备"策略更是在数据安全性和可用性方面提供了双重保障。通过在亚马逊 AWS、微软 Azure 和谷歌 Cloud Platform 同步部署核心数据，系统的可用性达到了 99.999%。这种高度可靠的灾备机制为英国军事职业教育系统的稳定运行提供了坚实的保障。

澳大利亚国防军的 AusLEARN 系统则通过联邦学习技术聚合各兵种训练数据。即使在部分节点失效的情况下，系统仍能维持 70% 的服务连续性。这一技术的应用使得军事职业教育系统在面对局部故障时仍能保持较高的运行效率，为军事人员的培训提供了持续的支持。

2.网络安全防护体系

随着网络攻击的日益复杂和频繁，网络安全防护已成为军事职业教育系统不可或缺的重要组成部分。美军的网络教育操作连续性计划（ECOOP）对在线课程的离线运行能力做出了明确规定，要求所有在线课程必须具备离线运行能力，关键系统数据同步间隔不超过 15 分钟。这一规定确保了在网络中断或遭受攻击的情况下，军事职业教育仍能继续进行。

其"影子网络"技术更是为核潜艇艇员的安全培训提供了有力保障。通过部署 400 个备用节点，"影子网络"能够确保核潜艇艇员在各种复杂环境下持续接受加密通信训练，有效提高了他们的作战能力和应对突发事件的能力。

以色列国防军的"铁穹"数字教育盾牌则专注于应对分布式拒绝服务（DDoS）攻击。该盾牌部署了 7000 个分布式拒绝服务防护节点，采用 AI 驱动的流量清洗算法，能够识别并过滤掉 98% 的异常请求，为军事职业教育系统的网络安全提供了强大的防护。

（三）军事职业教育数据治理

1.数据主权保护机制

数据主权保护是军事职业教育数据治理的重要原则之一。法国陆军的 Augmented Reality Combat Training 项目采用本地化部署模式，将所有训练数据存储于苏黎世联邦理工学院的数据中心。这种部署方式有效避免了数据泄露和被外部势力控制的风险，确保了军事职业教育数据的安全性和保密性。

同时，其 GDPR 合规框架包含 17 项数据脱敏规则，从源头上保障了士兵个人信息的安全。这些规则能够确保士兵个人信息不被用于商业用途，体现了对军事人员权益的充分尊重和保护。

2.智能数据湖架构

智能数据湖架构为军事职业教育数据的存储和管理提供了更加高效、灵活的解决方案。美军 JCS 知识云平台采用 Apache Hudi 数据管理框架，实现了 PB 级训练数据的秒级更新。这一技术的应用使得军事教育数据能够及时反映最新的作战需求和训练成果，为军事决策和教学改进提供了有力支持。

其数据湖支持结构化与非结构化数据混合存储,包含 200 万条课程视频元数据和 15 亿条交互记录。这种丰富多样的数据为军事教育研究提供了宝贵的资源,有助于深入了解军事人员的学习行为和需求。

日本防卫省的 APEL 平台部署了谷歌 BigQuer 数据仓库,通过 Serverless 架构实现按需扩展。这种灵活的架构能够根据实际需求自动调整计算资源,日处理查询量达 270 万次,满足了大规模数据处理和分析的需求,为军事职业教育的高效运行提供了保障。

(四)学员画像驱动的精准干预

学员画像驱动的精准干预是提高军事职业教育效果的重要手段。以色列军方的 Personality-Based Learning 系统运用霍兰德职业兴趣量表和 MBTI 性格测试,结合机器学习技术,为学员生成包含 4 个象限的能力雷达图。通过对学员的个性特征和学习能力进行全面分析,系统能够精准地了解学员的优势和不足。

当学员在"战略思维"象限连续三个月无进步时,系统会依次触发三级干预机制。首先,系统会推送定制化的学习包,为学员提供针对性的学习资源和指导;其次,若效果不佳,则安排导师面谈,与学员进行面对面的沟通和交流,了解其学习困难和需求;最后,若仍无明显改善,则启动专项强化训练,为学员提供更加深入和专业的培训。这一机制实施后,部队整体战术决策失误率下降了 28%,充分证明了学员画像驱动的精准干预在提高军事职业教育效果方面发挥的重要作用。

六、军事在线教育的文化变革

在当今数字化时代,军事职业教育正经历着深刻的变革,不仅在技术层面不断创新,而且在教育文化和资源配置方面也呈现出全新的发展趋势。这种变革对于塑造能够适应现代战争需求的军事人才具有深远意义,以下将从士兵学习行为重塑和教育资源配置革命两个方面进行详细阐述。

（一）士兵学习行为重塑

1.终身学习文化培育

在军事职业教育的发展进程中，培育终身学习文化已成为各国军队关注的焦点。美军的 PMEA 账户制度在这方面发挥了显著的引领作用。

美军的 PMEA 账户制度为官兵提供了丰富的学习资源和灵活的学习方式，极大地激发了他们的学习热情。从数据上看，官兵年均在线学习时长实现了大幅增长，从 2015 年的 32 小时稳步增至 2023 年的 147 小时。这一变化反映了官兵对学习的重视程度不断提高，终身学习的意识逐渐深入人心。

同时，美军的"学习成就徽章"系统为这种终身学习文化增添了激励机制。该系统累计发放超过 87 万枚数字证书，这些数字证书不仅是对官兵学习成果的认可，更是他们在职业发展道路上的重要资产。在军官晋升考核中，在线学习成果占比达 15%，这一举措进一步强化了官兵对持续学习的重视，促使他们不断追求知识的更新和技能的提升。

日本防卫省的终身学习账户系统同样在培育终身学习文化方面取得了显著成效。该系统与自卫队人力资源系统直连，形成了一个完整的学习记录和管理体系。通过这个体系，累计记录了超过 12.7 万小时的个性化学习轨迹，为每位自卫队官兵制作了详细的学习档案。这不仅有助于他们了解自己的学习历程和发展方向，也为军事教育管理者提供了数据支持，以便其更精准地制订个性化的学习计划和培训方案。

2.自主学习能力培养

培养士兵的自主学习能力是军事职业教育的核心目标之一，各国军队通过多种创新方式来实现这一目标。

德国联邦国防军的"混合指挥官培养计划"是一个成功的范例。该计划借助慕尼黑工业大学的决策支持系统，为学员提供了一个高度自主的学习环境。在这个环境中，学员需要自主制定作战方案，而系统的反馈机制使得学员自主制定的作战方案的完整度提升了 40%。课程设计中精心设置了 2000 个自主决策节点，每个节点都要求学员独立思考和做出决策。更为重要的是，失败次数不计入最终考核,这一举措消除了学员的顾虑,鼓励他们勇于尝试和探索,从而进一步培养了他们的自主学习能力和创新思维。

韩国陆军的"智能课程生成系统"也为培养士兵的自主学习能力提供了有力支持。该系统通过对大量训练日志的分析,为士兵提供 200 万条自我分析报告。这些报告详细地呈现了士兵在学习过程中的表现和存在的问题,帮助他们及时发现知识盲区。士兵可以根据这些报告有针对性地进行学习和改进,实现自主学习和自我提升。

(二)教育资源配置革命

1.平台经济模式创新

平台经济模式在军事职业教育领域的应用为教育资源的优化配置带来了新的机遇。美国 D2S 平台的"Marketplace"商店便是这一模式的典型代表。

美国 D2S 平台的"Marketplace"商店采用分成制商业模式,吸引了众多第三方开发者参与课程开发。在这种模式下,第三方开发者可以上传自己精心制作的课程,并根据课程的销售情况获得 30% 的销售分成。这一激励机制激发了开发者的积极性和创造力,使得平台汇聚了 2800 名军事教育专家,提供了从无人机维修到领导力培养的全品类课程。丰富的课程资源满足了不同层次、不同专业背景的军事人员的学习需求,为他们提供了更加多样化的学习选择。

日本防卫省的 APEL 平台则在整合资源方面进行了创新探索。该平台整合了索尼 ATV 平台的数字内容,为官兵提供了更加丰富的学习素材。同时,允许官兵用积分兑换任天堂 Switch 的限时使用权,这种独特的激励方式将娱乐与学习相结合,提高了官兵参与学习的积极性,进一步促进了教育资源的有效利用。

2.智能硬件生态构建

随着科技的不断进步,智能硬件在军事职业教育中的应用日益广泛,为教育提供了更具沉浸式、更加个性化的学习体验。

美国海军的虚拟舰艇作战系统部署了 NVIDIA Omniverse 平台,兼容联想

ThinkReality AR 眼镜等 12 种终端设备。这一强大的硬件生态为军事训练提供了更加丰富的场景和手段。其设备管理模块具备智能适配功能，能够根据不同硬件的性能自动调整参数，确保即使是低配终端也能流畅运行 4K 级训练场景。这一技术的应用使得军事训练不再受限于硬件设备的性能差异，提高了训练的普及性和可操作性。

印度陆军的 Swadhar Ganga AR 训练平台则采用了华为 Mate 40 Pro 的 LiDAR 扫描仪，实现了地下管网的三维建模精度达 ±2 cm。高精度的三维建模为军事人员提供了更加真实、准确的训练环境，有助于他们更好地掌握相关技能及提高作战能力。

外军军事职业教育在线学习管理涵盖了课程设计、教学实施、学习支持、学习评价等多个方面。在课程设计上，采用模块化、灵活化的设计，以满足不同学员的需求和适应快速变化的军事环境。教学实施则注重互动性和实践性，利用虚拟现实、人工智能等先进技术模拟实战场景，提高学员的实际操作能力。学习支持方面，提供全天候的在线辅导和资源支持，确保学员在学习过程中能够得到及时的帮助。学习评价则通过大数据分析，对学员的学习进度和效果进行实时跟踪和评估，以便及时调整教学策略。其目标是提高教育质量，增强训练效果。通过科学的管理方法和先进的技术手段，外军军事职业教育能够更好地适应现代战争的需求，培养出高素质、专业化的军事人才。外军军事职业教育学习管理逐步形成了技术先进、机制灵活、体系完备的现代军事人才培养范式。这种范式不仅提高了教育的效率，还促进了学员的自主学习和个性化发展。其本质是通过数据驱动决策、智能优化体验、网络赋能协作的创新模式，破解传统军事教育时空限制强、个性化不足、更新周期长等痛点。通过大数据分析，教育管理者可以准确了解学员的学习情况和需求，从而做出更加科学合理的决策。智能化技术则进一步优化了学习体验，使学习过程更具个性化和更加高效。网络平台促进了学员之间的协作和知识共享，形成了良好的学习氛围。

第四节　外军军事职业教育资源建设的做法及特点

外军军事职业教育，在资源建设方面呈现出教学机构丰富多样、课程设置品类繁多、教材资源内容广泛、条件设施更新较快、师资队伍力量稳定、军地结合作用明显等特点。

一、教学机构丰富多样

教学机构是开展军事职业教育的主体，教学机构的多样性带来军事职业教育开展形式的多样性。外军军事职业教育体制通常呈现出高度的组织化和系统化的特征，多数国家设有专门的军事教育机构，如军事学院和战争学院，它们负责不同层级和专业的军事职业教育任务。这些机构往往直接隶属于国防部或最高军事指挥部，确保教育方向与国家安全战略紧密对接，强调集中统一与灵活多样相结合，既有严格的等级制度，也鼓励跨军种、跨领域的协作与创新。美、俄、英、法、德、日等国的军事职业教育机构都呈现出丰富多样的特点。

美军军事职业教育机构较多，包括陆军战争学院、海军战争学院、空军大学等针对不同军种的高级军事学府，还有各类专业技术学校，如陆军的通信学校、海军的潜艇学校、空军的飞行训练学校等，以及培养后备军官的后备军官训练团等。从初级到高级形成了完整的体系。初级教育机构主要负责对入伍新兵和低级士官进行基础军事技能和知识培训，如陆军的基础训练中心。中级教育机构着重培养中级军官的指挥和管理能力，如各军种的指挥与参谋学院。高等教育机构则聚焦于培养高级将领和战略人才，如国防大学。

根据美军现行政策规定，远程和非全日制教育项目只适用于中高级院校开办的第一阶段联合军事职业教育。对此，美军制定了专门的项目目录，其中仅包括陆军战争学院、陆军指挥与参谋学院、海军远程教育学院、空军指挥与参谋学院、海军陆战队指挥与参谋学院的非全日制项目。

非全日制教育，是为无法参加院校全日制教育的学员提供的、可以在不同的时间或院校以外的地点，学习系统课程内容的一种教育方式。这种教育方式，需要院校精心设计和组织教学活动，在学习时间或地点上要方便学员，努力使教与学融为一体。为此，各院校采用特殊的课程设计、教学方式、通信联系方法、组织管理模式等，以获得高质量的学习效果。教学过程中，经过认证的任一阶段联合军事职业教育课程必须达到相应的联合军事职业教育基本标准和（或）法定的教育要求。

美军非全日制教育包括：卫星校园或校外课堂教学，在联合军事职业教育院校以外的卫星校园，开展与校内全日制联合军事职业教育相同的教学活动，这种教育形式与全日制教育本质上没有区别。远程及高级分布式教学，在远程教学模式中，教员与学员在时空上是分离的。通过远程教学方式，能向单个学员或分散的虚拟研讨班的学员提供联合军事职业教育课程，综合使用纸质或电子媒介，并结合适当的技术手段，如远程视频、网络应用等实施教学。在网络教学方式中，学员既可根据自己的学习节奏和时间进行非同步学习，也可进行实时互动式同步学习。学习的时机可能在有教师在场的教室，也可能在教师与学员高度分散而通过网络联系的战场上，或者是学员独自运用电脑而非与教员在一起的时候。从纯粹意义上讲，高级分布式学习包含了教育、训练和实践及决策辅助。另外还有混合式教学，混合式教学方式，是综合运用远程教学和全日制教育方式实施教学的一种方式。这种教学方式，除在联合军事职业教育院校进行全日制教学外，还可在校外教学点实施非全日制教育。

俄罗斯军队官兵军事职业教育的主要形式有短期培训班和函授教育。短期培训班主要通过院校和部队围绕某一培训任务而定期举办的短期集中培训，有时根据具体情况也会通过院校函授的方式进行。一般情况下，短期集中培训的时间为3～6个月。培训内容主要是最新的军事理论知识、新式武器装备的战术性能和最新的军事研究成果。在培训对象的选择上主要针对那些不能进入军事院校参加正规学习的即将提升或担任新职务的军官。函授教育主要由军队院校按照计划组织实施，定期组织院校教员采用面授的形式进行培训。函授的学制因专业的不同而灵活定制，函授学习结束后，提交毕业论文，由教育部门颁发毕业证书和学历证书，在学历待遇上与院校学习相同。

俄军的军事职业教育机构主要有以下几个典型代表：俄罗斯国防部第924无人机中心，作为国家级跨军兵种综合性培训中心，主要承担俄军各军兵种无人机作战使用技术培训和无人机装备试验等工作。培训内容包括无人机部队指挥员培训、无人机飞行指挥培训、各军兵种所有无人机机型作战使用的专业技术培训等。加加林空军学院无人航空系，主要承担俄空天军无人航空侦察专业培训任务。专业设置涵盖航空侦察地面设备的使用、无人机系统及其地面设备的使用等，授课内容涉及对地遥测遥感、图像处理等。加加林空军学院军事教学中心车里雅宾斯克分中心，主要承担无人机驾驶技能培训，曾培养出俄军首届中、远程无人机驾驶专业毕业生，这些毕业生会被分配到一线部队担任师旅所属无人机分队的指挥员。梁赞空降兵高级指挥学校无人机操作教研室，承担空降兵无人机操作员的专业培训，根据部队建设需要不断进行改革，提升无人机操作员的培养水平。国防部"时代"军事科技创新园，专注于无人机作战使用创新技能的探索，为"科学连"的军人提供无人机飞行实验室课程，让他们操练无人机拍摄和自主控制技术。俄罗斯特种部队大学，位于俄罗斯车臣共和国，是俄罗斯联邦唯一一所训练特种部队的私立机构，专为特种部队提供从技术、战术到医疗等各个领域的全面培训，自2022年俄乌冲突爆发以来，已有包括志愿者在内的共计4.7万余名士兵在此受训。远东高等军事指挥学校，按照实战经验对战斗训练计划进行修正，组织学员在模拟实战的地形上练习不同战术，还使用训练模拟器培训步战车乘组、装甲运输车驾驶员等，使学员能够更好地适应现代战争的需求。

英军自2001年开始重点发展远程网络教育，并通过健全机构、科学管理、完善课程等一系列操作来努力打造一个全球化的网络教育体系。英军的远程教育机构主要由3个部分组成。

首先是教育中心。军队教育中心为长期性的大型教育机构，目前数量已经超过了30个。军队教育中心设有专业的军职教师和非现役文职人员，为军官、士兵提供专业军事教育课程和非军事专业的职业技术学习服务。同时，军队教育中心还负责向军队学习中心提供教学资源和技术支持。

其次是学习中心。这是小型网络教育机构，数量超过了100个。军队学习中心与军队教育中心、新兵训练机构、皇家炮兵和后勤部队等相关机构相伴配置,是英军官兵进行网上学习的主要场所。部分军队学习中心具有组织专业技能考试和颁发相应资格证书的资质,学员需要完成相关课程的学习,并通过考试。

最后是图书信息服务部。这是英军远程教育的信息资源中心,按照级别由低到高可以分为军队图书信息服务站、军队图书信息服务总站、军队图书信息服务中心三级。军队图书信息服务站主要提供图书期刊借阅、音视频资料查阅、语言课程学习、数字化信息传输等服务;军队图书信息服务总站除提供军队图书信息服务站的所有服务外,还具备协调下级军队图书信息服务站工作并为其提供信息备份、对军队图书信息服务站工作人员进行培训等职能。军队图书信息服务中心能够提供军事专业图书借阅、特殊信息定制、为即将退役人员提供职业信息咨询等特殊服务,并且军队图书信息服务中心存储的信息内容最为完整、数量最多且权限等级最高。

法军的军事职业教育机构涵盖高、中、初三级,体系化程度较高。主要机构如下。

首先是高级军事教育机构。其中,高等军事研究中心,主要负责高级指挥参谋军官和科技人员的进修和培养,为法军在战略、战术及军事技术等方面培养高层次人才,提升高级军官的军事理论水平和战略决策能力。法国高等国防研究院,聚焦于国防领域的综合研究与教育,涉及军事战略、国防政策、国际关系等多方面,为法国国防事业培养具有宏观视野和综合分析能力的高级人才,并为政府和军队的国防决策提供智力支持。诸军种高等指挥院校,包括陆军、海军、空军各自的高等指挥院校,如陆军高等指挥院校着重培养陆军高级指挥人才,提升其在大规模作战和联合作战中的指挥能力;海军高等指挥院校则针对海军作战特点,培养能驾驭现代海战的高级将领;空军高等指挥院校致力于培养具备先进空战理念和指挥能力的空军高级军官。诸军种参谋学校,主要为各军种培养参谋人才,课程涵盖军事参谋业务、作战计划制订、情报分析等,使学员具备出色的参谋业务能力,能为军事指挥官提供专业的参谋支持。

其次是中级军事教育机构。其中,陆军专科学校,培训陆军初级指挥与专业技术军官，课程包括军事指挥、专业技能、兵种协同等，帮助陆军军官提升综合业务能力，以适应不同作战任务和指挥岗位的需求。海军专科学校，针对海军各专业领域，培养中级专业技术和指挥人才，设有航海、轮机、武器、通信等专业课程，使学员成为海军各专业领域的骨干力量。空军专科学校，主要负责培训空军初级指挥官与专业技术军官，设置飞行技术、航空工程、防空作战等专业课程，为空军的作战、训练和技术保障等培养专业人才。宪兵学校，培训宪兵部队的中级军官和专业人才，课程涉及执法业务、军事纪律、特种作战等，使学员具备维护国内安全、执行军事执法任务的能力。

最后是初级军事教育机构。其中，陆军士官学校，培养陆军骨干和专业技术人员，注重学员军事技能和团队管理能力的培养，课程包括基础军事训练、专业技能培训、军事管理等，为陆军基层部队输送优秀的士官人才。圣拉斐尔海军航空学校，主要培养海军航空领域的初级专业人才，开展飞行训练、航空技术、航空作战等课程，为法国海军航空兵部队培养飞行员、航空技术人员等专业人才。空降学校，是法国空军培养空降兵专业人才的初级学校，重点进行空降技术、伞降训练、空降作战等方面的教学与训练，使学员掌握空降作战的技能和战术，为空降兵部队输送合格的士兵和初级指挥人才。高山军事学校，隶属于法国陆军第27山地步兵旅，是法军中最专业的山地与极寒训练中心，负责对所有特种军官进行山地行军、滑雪、滑翔伞等技能培训。

二、课程设置品类繁多

课程体系是军事职业教育的核心，它反映了教育的深度与广度。外军在课程设计上注重理论与实践的结合，涵盖战术、战略、国防政策、国际法等多个领域。课程教学大纲定期更新，以适应新的安全威胁和技术变化。外军普遍按照军官的成长规律和人才培养目标设置科学合理的教育内容、课程体系，这些课程具有针对性和实用性的特点。

美军的课程设置严格按照预备、第一阶段、第二阶段、单独阶段及将官等 5 级军事职业教育来划分。各阶段根据教育的对象和目标不同，分别设置有针对性的课程内容。例如，预备阶段任命前教育的课程主要有国家武装力量及其组织结构、军兵种知识和联合作战基础等，而针对少尉至上尉军官的初级教育，主要安排 21 世纪武装力量的基本任务、各军种部队在联合作战中的作用、联合作战概则和联合战役等课程。到了第一阶段，培养对象上升为校级军官，其课程内容也相应调整为国家军事能力和指挥体系结构、联合作战条令与联合作战理论、联合信息作战、指挥控制与战场空间感知及国家安全战略、国家与国防计划系统与程序、战区战略与战役、联合战略领导者的培养等中高级课程。

美军的教育体系层次分明，建立了"初级技能→中级指挥→高级战略"的阶梯式培养路径，配套终身学习支持系统。职业军事教育体系级别清晰，覆盖军官从学校学员到职业生涯各个阶段。课程内容与时俱进，以岗位需求为导向，动态更新培训内容，每两年修订 30% 的培训内容，2024 年新增"高超音速武器维护""脑机接口战术应用"等 12 个认证项目。课程设置多元融合，课程体系采用"1+3"能力进阶模式，涵盖机器人伦理学、混合战争理论等前沿领域，既注重军事传统与单兵技能，也重视高级指挥能力培养。

美军在军事职业教育课程设置上，注重理论与实践相结合。以海军舰艇训练中心为例，除舰艇操作、航海理论等课堂教学外，还安排大量时间让学员在模拟舰艇和实际舰艇上进行操作训练，参与海上演练等实践活动，以提升学员的实际操作能力和应对复杂情况的能力。

俄罗斯的军事职业教育课程体系也较为成熟。战略层面的课程，为高级将领和战略决策人员设置，包括军事战略学、国家安全战略、军事外交与国际军事合作等课程，旨在培养他们从全局角度把握军事斗争，制定科学合理的战略决策，提升在国际军事上的博弈能力。战役战术层面的课程，针对中级指挥军官，有战役学、战术学、合同作战指挥、兵种作战运用等课程，帮助他们掌握战役战术指挥理论和方法，提高组织指挥联合作战和兵种协同作战的能力。专业技术层面的课程，根据不同军兵种和专业技术领域，开设了军事装备技术、军事通信技术、军事航天技术、军事信息技术等课程，以满足各类专业技术军官和士兵提升专业技能的需求。军事管理层面的课程，涵盖军事人力资源管理、军事财务管理、军事后勤管理、军事装备管理等，培养各级军事管理人员的管理能力，确保军队的高效运转和资源的合理配置。

俄罗斯军事职业教育课程内容包括军事理论、军事技能和军事文化。军事理论课程注重对俄罗斯军事思想、军事历史的研究和传承，同时关注世界军事理论的最新发展，将传统军事理论与现代军事理论相结合。例如，在军事历史课程中，深入研究俄罗斯在各个历史时期的战争经验和军事变革，在现代军事理论课程中，引入信息化战争、网络战、太空战等前沿理论。军事技能课程根据不同的军兵种和岗位需求，设置了丰富的军事技能训练课程。例如，陆军的装甲兵专业有坦克驾驶、射击、战术运用等技能课程；海军的舰艇专业有舰艇操纵、航海、舰载武器使用等课程；空军的飞行专业有飞行驾驶、空战战术、航空电子设备操作等课程。军事文化课程包含军事文化学、军人职业道德、军事礼仪等内容，注重培养军人的荣誉感、责任感和团队精神，塑造俄罗斯军队的文化形象和精神风貌。

此外，俄罗斯军事职业教育还十分注重国际交流，开设了多种外语课程，如英语、法语、德语等，同时设置了国际军事交流、国际军事法规等课程，以提升俄罗斯军人在国际军事交流与合作中的能力。俄罗斯积极开展与其他国家军队的教育交流与合作，邀请外军专家讲学，派遣学员到外军院校学习交流，将外军的先进经验和理念引入课程体系，拓宽学员的国际视野。

德国陆、海、空三军的校级军官在担任高级司令部的职务前需要接受各军种总参谋部参谋业务的训练。除接受三军共同科目的培训，如安全政策与武装力量、战略、总体防御、联邦国防军计划、指挥常识、作战指挥等外，各军种根据各自的特点，教育课程也各有侧重，如空军的培训重点是有关使用航空兵器的指挥原则，海军侧重海战理论的学习，陆军的培训课程还包括了战术、内容指导、后勤、军事与战争史及总体战理论等。

三、教材资源内容广泛

教材资源是开展军事职业教育的知识载体，作用十分重要。外军军事职业教育通常具有较为丰富的教材资源。

美军军事职业教育在教材的选用上执行严格标准。美军根据不同军种、不同职级和不同岗位的具体要求来选择教材。例如，作战部队的在职教育会侧重于战术、武器运用等方面的教材；而后勤保障部门则会选用物资管理、装备维修等相关教材，以确保军人所学与工作所需紧密结合。初级在职教育教材注重基础知识和基本技能的传授，帮助军人打下坚实基础。高级在职教育则会选用更具战略性、综合性的教材，培养军人的战略思维、决策能力和领导能力等。教材的选用强调权威性和前沿性，优先选择在军事领域具有权威性的著作和研究成果作为教材。同时，及时更新教材内容，纳入最新的军事技术、战术理论、战争案例等，确保军人所学的知识和技能与时代发展同步。

美军军事职业教育教材类型涵盖理论类、技能类、领导管理类、思想政治类等教育。军事理论类，包含《孙子兵法》《武经七书》等经典军事著作，用以培养战略思维。例如，20世纪80—90年代，美国主要高级军校就对《孙子兵法》相当重视，在多所军校开设了至少28门相关课程。此外，克劳塞维茨的《战争论》等西方经典军事理论著作也是重要教材，帮助学员深入理解战争的本质、战略战术等的基本原理。专业技能类，依据不同军兵种和专业岗位，有各类武器装备操作手册、军事技术教程等。例如，空军有飞机驾驶与维护等方面的相关教材，海军有舰艇操作、航海技术等方面的专业书籍，这些书籍帮助军人熟练掌握武器装备的操作和运用。领导管理类，如《领导力》等相关教材，围绕如何培养学员具备精神、知识和行动3大要素进行，还教授学员如何履行职责、承担义务、行使权利，尤其是如何实施平时领导和战时领导。思想政治类教材通常是由国防部和各军种司令部定期编写下发的教材，供官兵选阅，如强调"责任、荣誉、国家"价值观的相关内容，帮助军人树立正确的价值观和职业道德。

美军军事职业教育教材更新机制较为完善。美军会定期审查评估教材，有专门的机构和人员定期对教材进行审查和评估，一般每年或每几年会进行一次全面审查。根据军事战略调整、技术发展、作战需求变化及教育反馈等因素，判断教材内容是否仍然适用、准确和完整。针对问题会及时纠错，一旦发现教材存在过时、错误或不足的地方，会立即组织专家和相关人员进行修订和补充。对于新出现的军事技术、战术和理论，会尽快编写成新的教材或补充资料，及时发放给学员。在使用中注重实践反馈，鼓励军人在学习和实践过程中对教材提出意见和建议，通过问卷调查、座谈会、在线反馈等多种渠道收集反馈信息，作为教材更新的重要依据。

教材的使用方式灵活，课堂教学与自学相结合。在院校培训、集中授课等场景中，教师会以指定教材为基础进行系统讲解和分析，帮助军人理解和掌握重点知识。同时，鼓励军人利用业余时间进行自学，通过阅读教材、使用在线学习资源等，深入学习专业知识，提升自身素质。案例分析与研讨并重，以教材中的理论和知识为基础，引入大量实际战争案例、军事行动案例等进行分析和研讨，如在学习战略决策相关内容时，会以海湾战争、伊拉克战争等为案例，组织军人讨论分析其中的战略战术运用、决策过程等，加深对教材知识的理解，提高运用能力。跨学科融合运用也较多，将不同学科领域的教材知识进行融合运用。例如，在进行军事指挥决策教育时，不仅会使用军事战略、战术方面的教材，还会使用政治学、经济学、心理学、地理学等多学科的教材，培养军人的综合思维和决策能力。

俄军军事职业教育教材体系同样丰富，涵盖军事历史、军事理论、军事技术、军事文化等多种类别。军事历史类教材主要包含俄罗斯历史上的重要战争和军事行动资料，如俄土战争、苏俄国内战争等相关史实，帮助军人了解俄军的战斗传统和历史经验。重点突出卫国战争时期的战史教材，详细剖析斯大林格勒保卫战、库尔斯克会战等经典战役，让军人深刻领会俄军在艰难条件下的战斗精神和战略战术运用。军事理论类教材以军事战略学、战役学、战术学等基础理论教材为核心，阐述俄军的军事战略思想、作战原则和战术方法，如《军事战略》等著作，对指导俄军的军事行动和培养军人的战略思维具有重要意义。涵盖信息战、太空战等现代军事理论的教材，以适应现代战争形态的发展变化，使军人了解和掌握最新的战争理念和作战方式。军事技术类教材针对俄军装备的各种武器系统（如 T-72、T-90 坦克，以及 S-400 防空导弹系统等）编写了详细的装备操作和维护教材，确保军人能够熟练掌握和运用这些先进装备。涉及军事通信、电子对抗、军事航天等高新技术领域的教材，帮助军人提升在信息化战争中的技术素养和作战能力。军事文化类教材包含俄罗斯军事文化传统、军人职业道德和价值观等方面的教材，如强调"荣誉、责任、勇敢"等价值观方面的内容，培养军人的使命感和荣誉感。介绍俄军的礼仪、军史故事、英雄事迹等文化素材的教材，增强军人对军队的认同感和归属感。

俄军军事职业教育的教材选用原则与军事战略相适应。随着俄罗斯军事战略从"积极防御"向"现实遏制"转变，教材选用更加注重进攻性作战理论和非对称作战思想的内容，以培养军人新战略下的作战能力。当军事战略重点转向应对局部冲突和反恐作战时，反恐战术、特种作战等相关教材的比重明显增加。教材选用也与军种任务相匹配。陆军教材侧重于地面作战的战术和技术，如装甲兵的坦克作战、步兵的山地作战等相关的教材，以满足陆军在不同地形和作战环境下的任务需求。海军则选用舰艇作战、海军航空兵作战、潜艇作战等与海军作战任务紧密相关的教材，提升海军军人的海上作战能力。空军重点使用空战战术、防空反导、太空作战等方面的教材，以适应空天一体化作战的需要。教材选用还与军人职业发展阶段相契合。对于初级军人，主要选用基础军事知识和技能教材，如军事训练教程、武器操作手册等，帮助他们打下坚实的军事基础。中级军官会接触到更深入的战术和指挥教材，如战役战术学、指挥与控制等，以提升他们的指挥和作战能力。高级军官则侧重于战略决策、军事理论研究等方面的教材，培养他们的战略眼光和决策能力。

俄军军事职业教育教材注重内容的更新。首先，根据军事技术发展进行更新，随着俄军新型武器装备的不断列装，如"萨尔马特"洲际导弹、"波塞冬"核动力无人潜航器等，通过及时编写和更新相关装备的技术和操作教材，确保军人能够快速掌握新装备的使用方法。针对人工智能、大数据、量子技术等在军事领域的应用，迅速组织编写相关的技术和应用教材，使军人了解和适应军事技术的新发展。其次，依据作战经验反馈进行更新，从车臣战争、叙利亚军事行动等实战中汲取经验教训，及时对作战理论、战术方法等教材进行修订和完善，将实战中的成功经验和失败教训融入教材内容。通过对作战过程中暴露的问题和不足进行分析，有针对性地更新教材，如加强城市作战、特种作战等方面的内容，提高教材的实用性和指导性。最后，结合军事理论创新进行更新,当俄军提出新的军事理论和作战概念,如"混合战争"理论等,会迅速组织专家编写相关教材,对新理论的内涵、特点、作战方法等进行系统阐述,引导军人学习和运用新理论。鼓励军事科研人员和院校教师开展军事理论研究和教材编写工作,将最新的研究成果及时纳入教材体系,推动军事理论的创新和发展。

俄军在军事院校和训练中心的集中培训中,教师以教材为基础进行系统授课,通过课堂讲解、案例分析、模拟演练等方式,帮助军人深入理解和掌握教材内容。同时,俄军鼓励军人利用业余时间进行自主学习,并为军人提供丰富的在线教材资源和学习平台,方便军人根据自身需求和时间安排进行学习。在模拟训练中,以教材中的战术和技术要求为标准,设置各种复杂的作战场景和训练科目,让军人在模拟实战环境中运用教材知识,提高作战技能和应对能力。在实际军事行动和演习中,要求军人将教材所学与实际情况相结合,灵活运用战略战术和技术手段,通过实战检验和巩固所学知识,进一步加深对教材的理解和运用。注重组织军人开展教材内容的研讨交流活动,以小组讨论、学术讲座等形式,鼓励军人分享学习心得和体会,共同探讨教材中的重点和难点问题,促进知识的传播和共享。同时还会举办各种军事学术活动,如军事理论研讨会、学术论文评选等,引导军人深入研究教材内容,将学习成果转化为学术成果,推动军事学术的发展和创新。

四、条件设施更新较快

教学训练条件是决定军事职业教育效果的重要因素,在开展教育教学中发挥着重要作用。外军在开展军事职业教育的过程中,对于面临的设施老旧、条件不足等问题,均能够设法进行更新,确保教育教学条件满足教学训练需求。

美军在军事职业教育中,为弥补现实教学条件的不足,建立了完善的网络教学平台,如陆军的"远程学习系统"、海军的"海军知识在线"等。这些平台整合了大量的教学资源,包括课程视频、电子教材、在线测试系统等,军人可根据自身需求随时登录平台学习。平台还具备在线交流功能,学员和教员可通过论坛、聊天室等进行互动交流。美军广泛运用模拟仿真系统进行军事在职教育。陆军的"分布式交互仿真系统"可模拟大规模的作战行动，让作战人员在虚拟环境中进行战术演练和指挥决策训练。空军的飞行模拟器能够逼真地模拟各种飞行条件和作战任务，提高飞行员的训练效率和安全性。

在训练条件上，为满足不同军兵种、不同作战任务的需求，建设了各种类型的战术训练场地。陆军有山地、丛林、沙漠、城市等多种地形的战术训练场，模拟各种实战环境。海军陆战队设有专门的两栖作战训练基地，拥有滩头阵地、登陆舰艇模拟设施等，用于开展登陆作战训练。美军为各类武器装备也配备了专门的训练场地。陆军的炮兵训练基地设有大规模的炮场和弹药储存区，可进行实弹射击训练。海军的舰艇训练基地拥有码头、舰艇模拟训练设施等，供水兵进行舰艇操作和战术训练。空军的飞行训练基地跑道设施先进，配备有大量的停机坪、机库和飞行训练辅助设施，保障飞行员的飞行训练。

在学习资源上，美军各军事院校和基地都设有图书馆，收藏了大量的军事学术著作、教材、期刊、军事档案等。例如，美国陆军战争学院图书馆，藏书丰富，涵盖军事战略、战术、军事历史、军事技术等各个领域，为军人的学习和研究提供了丰富的文献资源。美军建立了多个数字化信息资源中心，如国防技术信息中心（DTIC）等。这些中心存储了海量的军事科研报告、技术文档、情报资料等数字化信息，军人可通过网络授权访问，获取最新的军事信息和研究成果。

相比于西方发达国家，俄军虽然在信息技术方面存在一定差距，但也在积极发展网络教学平台，以实现军事教育资源的共享和远程教学。通过这些平台，军人可以在线学习课程、获取教学资料、参加考试和进行交流讨论等。俄军广泛运用模拟仿真系统进行军事在职教育，涉及作战指挥、武器装备操作、战术训练等多个领域。例如，总参军事学院的训练指挥所内的装备有自动化指挥系统和作战模拟显示系统，能够模拟各种复杂的战场环境和作战任务，让学员在虚拟环境中进行指挥决策和战术演练，提高其作战能力和应对复杂情况的能力。俄军各军事院校和基地通常都设有图书馆，收藏了大量的军事学术著作、教材、期刊、军事档案等资料，为军人的学习和研究提供了丰富的文献资源。总参军事学院的图书馆在日常教学中发挥着巨大的作用，教官会为学员指定大量参考书目，学员需要到图书馆借阅相关书籍进行阅读和学习。为了适应信息化时代的发展需求，俄军也建立了数字化信息资源中心，存储了海量的军事科研报告、技术文档、情报资料等数字化信息。这些资源可以通过网络授权访问，方便军人获取最新的军事信息和研究成果，为在职军事职业教育提供了有力的支持。

日本自卫队军事职业教育中，设有专门的综合训练场，涵盖多种地形地貌，可模拟山地、丛林、城市等不同的作战环境，用于提升自卫队员在各种复杂条件下的作战技能和战术运用能力。例如，在一些训练场地设置模拟城市街区，开展城市作战训练，包括巷战、建筑物清剿等科目。根据不同军种和专业需求，有炮兵射击训练场、装甲兵训练场、航空兵飞行训练基地、舰艇训练基地等。这些训练场配备了相应的武器装备和训练设施，供自卫队员进行专业技能训练和战术演练。例如，航空兵飞行训练基地有完善的跑道、导航设施、机库等基础设施，能满足飞行训练和飞机维护保养的需求。日本自卫队建立了网络学习系统，方便自卫队员在线学习军事理论、专业知识等课程，可获取教学资料、观看教学视频、参加在线考试等，实现了教育资源的共享和远程教学，有助于提高教育效率和灵活性。日本自卫队还广泛运用模拟仿真技术进行军事训练，涉及作战指挥、武器装备操作、战术训练等多个领域，如通过模拟系统，可模拟战场环境、作战任务和武器装备性能，让自卫队员在虚拟环境中进行训练和演练，提高其作战能力和应对复杂情况的能力。据报道，日本防卫省与 Palantir 合作，其 Foundry 平台被应用于军事演习的决策支持系统，能实时提供多个维度的数据视图，帮助指挥官做出更准确的决策。各军事院校和基地通常设有图书馆，收藏大量军事学术著作、教材、期刊、军事档案等资料，为自卫队员的学习和研究提供丰富的文献资源，帮助他们了解军事理论、战史战例、武器装备等方面的知识。积极建设数字化信息资源库，存储军事科研报告、技术文档、情报资料等数字化信息，自卫队员可通过网络授权访问，获取最新的军事信息和研究成果，为军事在职教育和工作提供有力的信息支持。

五、师资队伍力量稳定

美军军事在职教育师资队伍人员构成多元、选拔标准严格、培养措施多样。其中,军职教师主要来自现役、预备役部队中符合条件的现职军官及各军事院校应届毕业学员中的优等生。文职教官选聘对象范围较广,主要是地方高等院校、研究机构、政府部门的学者、教授、专家或知名人士。其他担任某些特殊课程的教官和教师还会从外国军队的军官、军士或非军人中招聘,如招聘外籍教师讲授本国语言或本国概况。此外,有些院校还会临时邀请军内外的专家、学者、知名人士来校举办讲座,或者担任客座教授。在选拔标准上,担任文化课程的军职教官比较注重学历、实际任教能力,并且有严格的推荐、评审、任命程序。中级院校军职教官必须是服役12年以上的少校或中校军官,并且是同级指挥院校的毕业生,担任过营级指挥职务或旅级司令部的参谋。高级院校军职教官必须是服役18年以上的中校、上校级军官,经过同级军事院校学习毕业,担任过旅、师级领导职务,并在军以上高级司令部工作过2年以上。文职教员应具备热爱军事教育,有硕士以上学位,高级讲师、副教授、副研究员以上职称,有学术著作和科研成果,有渊博的知识和丰富的教学经验,是本学科的带头人或公认的权威等条件。

在美军军事职业教育师资队伍培养中,新教官任职前通常会进行短期培训,学习编写教材、使用教具和教学设备、评定学员成绩等内容,然后观摩老教官示范教学并进行试讲,由各级领导和老教官给予指导。美军各级院校积极鼓励教官进修硕士和博士研究生课程并获得学位,进修课程要求与今后讲授、研究的学科有关或对完成教学任务有帮助,进修院校包括海军研究生院、空军理工学院和地方名牌大学等,进修时间一般为12~24个月。选送高级院校学习或任职,每年会抽调少量初、中级院校的教官到国防大学和各军种军事学院学习,或者担任客座教授、客座研究员,从事教学工作的同时学习高级课程并承担一定的研究任务。在此基础上,美军与西欧、远东及其他地区一些国家的军事院校订有互相交流教官的协议,会经常选派教官、军官到这些国家学习、考察和研究。

俄军军事职业教育的师资力量由军队内部教官和地方、外军专家顾问等构成。其中军内具有丰富作战经验、指挥经验和专业知识的资深军官是师资队伍的重要组成部分。他们通常在军队中服役多年，经历过各种军事任务和训练，能够将实际作战经验和军事理论相结合，传授给学员实用的军事技能和战术知识。毕业于俄罗斯军事院校的优秀学员，经过专门的培训后，也会加入军事在职教育的师资队伍中。他们具有扎实的军事理论基础和专业知识，能够系统地讲解军事课程。俄罗斯会邀请地方高校、科研机构的专家学者来为军事人员授课。这些专家在各自的领域内有着深厚的学术造诣，如在信息技术、航空航天、电子工程等领域，能够为俄军带来最新的技术知识和前沿理论，拓宽军事人员的视野。在一些特定领域或国际合作项目中，俄军也会聘请外军专家顾问，如在国际维和、联合军演等相关课程中，邀请有经验的外军专家来分享国际军事合作的经验和规范，帮助俄军更好地参与国际军事事务。

师资队伍选拔标准较为严格。无论是军队内部教官还是地方专家学者，都需要具备扎实的专业技能。对于军队教官来说，要在其专业领域，如武器装备操作、战术指挥等方面有出色的表现；地方专家则需要在其学术领域有深入的研究和丰富的实践经验。具备良好的教学能力和沟通能力，能够将复杂的军事知识和专业技能以清晰、易懂的方式传授给学员。这包括教学设计、课堂组织、答疑解惑等方面的能力。军队内部教官需要有较高的军事素养，包括对俄军军事战略、军事文化的深刻理解，以及良好的军人作风和纪律意识。对于地方专家学者，也要求他们对军事领域有一定的了解和尊重，能够理解军事教育的特殊需求。俄军非常重视师资队伍的政治素质，要求教官们具备坚定的政治立场，忠诚于国家，能够在教学中传播正确的价值观和政治理念。

在师资队伍的培养措施上，俄军会定期组织师资队伍参加内部培训课程，培训内容包括最新的军事理论、战术发展、教学方法等。通过这些培训，教官们能够及时更新知识，掌握最新的教学手段和技术。为了让教官们保持对实际军事操作的熟悉度，会安排他们定期参加军事演习、训练任务等实践活动。在实践中，教官们可以积累新的经验，了解最新的装备和战术应用，以便更好地传授给学员。鼓励教官们参加国内外的学术研讨会、军事论坛等活动,与同行进行交流和学习。通过与其他国家军事教育机构的交流合作,俄军教官能够了解国际军事教育的最新趋势和先进经验,为自身的教学工作提供借鉴。支持教官们在国内外高校或科研机构攻读更高学位,提升他们的学术水平和专业能力。在学历提升过程中,教官们可以深入研究军事领域的前沿问题,为军事职业教育带来新的思想和方法。

六、军地结合作用明显

外军军事职业教育在资源条件建设中十分注重军地结合,通过多种方式充分整合利用军地双方的资源,以下从教育训练、装备技术、后勤保障等方面进行介绍。

教育训练资源建设中利用地方院校教育资源。美、英、法等军队在开展军事职业教育时,允许军人到地方高校选修课程、攻读学位,学习计算机科学、外语、工程技术等专业知识,如美军鼓励现役军人利用业余时间到地方大学听课,获取学分,用于提升学历和职业发展。同时还邀请地方院校的专家学者到军队院校授课或举办讲座,为军人传授前沿的科学知识和专业技能。同时,军队会与地方合作,使用地方的一些训练设施和场地。例如,英、法等国的军队会利用地方的民用航空驾驶培训中心,对军事飞行员进行部分基础飞行技能训练。德军在进行山地作战训练时,会与地方的山地户外运动机构合作,利用其在阿尔卑斯山区的训练场地和专业教练资源。外军还经常组织军地联合演练,以提高军人应对各种复杂情况的能力。例如,美军与地方政府、企业等联合进行大规模的灾害应对演练,模拟地震、飓风等自然灾害场景,军队与地方救援力量协同作战,提升应急响应和协同配合能力。

在装备技术资源建设上进行军地结合。美军等外军在装备采购中,优先选择军民通用的产品和技术,以降低采购成本和维护难度。美军的许多通信设备、计算机硬件等,都采用市场上成熟的民用产品,经过适当的改装和加固后用于军事用途。外军与地方科研机构、企业紧密合作,共同开展军事技术研发。例如,俄军与国内的一些大型科技企业合作,在人工智能、无人机技术、电子战等领域进行研究，充分利用地方科研机构的技术创新能力和企业的生产制造能力，加速军事技术的发展。外军注重军地技术的共享与转化。一方面，将军事领域的先进技术向民用领域推广，带动国家整体科技水平的提升；另一方面，积极吸收民用领域的新技术，将其应用于军事装备的升级改造。例如，美军将互联网技术、卫星通信技术等民用领域的成果广泛应用于军事通信和指挥控制系统。

在后勤保障资源上，外军同样注重军地结合。首先是依托地方物流网络。外军在物资运输、配送等方面，充分借助地方物流企业的运输网络和运输能力。例如，英军在海外军事行动中，与国际知名的物流企业合作，利用其遍布全球的运输网络和仓储设施，保障军事物资的快速运输和及时供应。其次是军地医疗资源整合。外军建立了军地融合的医疗保障体系，平时军队医疗机构与地方医院开展合作，进行医疗技术交流和人员培训。战时或遇到重大突发事件时，地方医院能够迅速响应，接收和救治军队伤病员，同时军队医疗力量也可以支援地方医疗救援工作。最后是能源供应合作。在能源供应方面，外军与地方能源企业保持密切合作。例如，法军在国内的军事基地，与当地的电力公司、石油公司签订合作协议，确保军事设施的电力、燃油等能源的稳定供应，在特殊时期，地方能源企业还会按照军事需求进行能源的调配和保障。

后 记

历经数月的研究与撰写,《外军军事职业教育研究》终告完成。本书以全球化视野审视美、俄、英、法、德、日、韩等军事强国的军事职业教育体系,系统梳理其发展脉络、组织架构、支撑体系及核心特点,旨在为我军军事职业教育的改革与创新提供借鉴与启示。在此书付梓之际,特作后记以述研究之思、致谢同仁之助,并展望未来之路。

一、研究之思:在探索中深化认知

军事职业教育作为现代军队战斗力生成的关键环节,既是军事理论研究的重点,也是实践创新的难点。本书的编撰过程,是团队对各国军事教育体系从表层现象到深层逻辑的逐步剖析过程。通过对比研究,我们深刻认识到:外军军事职业教育的成熟性不仅体现在制度设计的系统性上,更在于其与科技发展、战争形态演变的动态适配。例如,美军终身学习理念的贯彻、俄军爱国主义教育的深耕、德军"双元制"模式的实践,均展现出军事教育对国家战略需求的精准回应。然而,研究愈深入,愈感此领域之广阔与复杂。书中部分观点因资料获取或实践验证的局限,尚需进一步论证;对新兴技术(如人工智能、虚拟现实等)如何重塑军事教育生态的探讨,亦待深化。这些不足,既为后续研究指明了方向,亦提醒我们要始终保持学术审慎。

二、感恩之辞：凝聚团队之力

本书的完成，离不开信息支援部队通信士官学校教育研究团队的集体智慧与辛勤付出。青山良与景刚两位主要完成人，以深厚的学术积淀统筹全书框架，把控研究方向，其严谨的治学态度为团队树立了标杆。各章节负责人——何敏、罗瑜、田宇平、仵征等，以扎实的文献功底与敏锐的问题意识，完成了核心内容的撰写与论证。曲晨、唐爽、周斌、任秋林等成员在文献检索、资料分析、统稿审校上倾注心血，确保了研究的严谨性与完整性。此外，感谢同行专家在审稿中提出的宝贵意见，以及相关机构在资料共享上的支持。众人的勠力同心，方使此书初具规模。

本书完成过程中，还参考了许多资料，包括国防大学出版社出版的著作《中外军事职业教育比较研究》（侯瑞东、李可心）等，一并表示感谢。

三、未来之望：迈向智能化与融合化

当今世界，新一轮科技革命正深刻改变战争形态与军事训练模式。军事职业教育需以更开放的姿态拥抱变革。一方面，应加速智能化转型，利用大数据、虚拟仿真等技术构建沉浸式、个性化的学习场景；另一方面，需深化军地融合，打破资源壁垒，形成"军事需求牵引、社会教育赋能"的协同机制。未来研究可聚焦以下方向：一是新兴技术对军事教育范式的重构；二是跨文化背景下军事职业教育的比较与互鉴；三是"三位一体"人才培养体系的动态优化。我们期待，本书能成为抛砖引玉之作，激发更多学者关注此领域，共同推动我军军事职业教育的高质量发展。

"驰骋才知世界大，斟酌倍感方寸深"。研究虽暂告一段落，但探索永无止境。唯愿此书能为我国强军兴军之路贡献绵薄之力，亦盼读者不吝指正，助我们精益求精。

信息支援部队通信士官学校教育研究团队
2025 年 3 月